ســ
历史之镜
马克·吕布百年诞辰纪念文集

马克·吕布百年诞辰纪念编写组 编

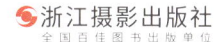

浙江摄影出版社

前言

∷ 历史之镜

  2023年7月的一天上午，令胡歌给我发了一句话："今年是马克·吕布诞辰100周年，我想做一本马克·吕布纪念文集，吴老师有想法吗？"说实话，一开始，我挺惊讶。因为我和令胡歌虽然彼此认识十年之久，但真正直接对话的时间却很短，不曾谋面，之前也没有过任何合作。

  当然，我惊讶的另一个原因可能更重要。十年前，我曾经因为侯登科纪实摄影奖批评过吴家林先生，吴家林和令胡歌主持的"蚂蚁摄影""凡是摄影"渊源颇深，而马克·吕布正是吴家林的老师，对吴家林有非常深的知遇之恩。现在令胡兄找我一起来做一本马克·吕布纪念文集，令胡歌这葫芦里，到底卖的什么药？

后来，通过不断地电话和微信沟通，一来二去，我对令胡兄有了更多的信任和理解。这么多年来，令胡歌为摄影圈办了很多实事，创办"蚂蚁摄影"，成立"蚂蚁摄影奖"，组织翻译了大量摄影理论，推出了"蚂蚁隔壁班"线上分享会，这一切，公开免费。同时，他主理的映Studio（杭州），不定期举办摄影原作展览和各种线下活动。"蚂蚁摄影"置顶的一句口号是"批评若不自由，赞美则毫无意义"。这句话的分量，可不轻！令胡兄找我一起来编辑马克·吕布纪念文集，其实是对批评的尊重，这是一种胸怀，我很感激。

关于马克·吕布，从各种文章和报道中，大家都略知一二。比如"1923年6月24日出生于法国里昂，是20世纪最伟大的摄影师之一，也是新中国成立后，首位获准进入中国拍摄的西方摄影师。52年间，马克·吕布来往中国达22次，拍摄了大量关于中国的纪录影像，其拍摄手法和风格深深地影响了中国的摄影师和纪实摄影格局"。

再比如"马克·吕布曾经两次担任玛格南图片社南欧洲分部主席。两次获得美国海外摄影协会大奖、纽约国际摄影中心无限奖等。作品曾刊登于《生活》《国家地理》等多家知名杂志。他一生都在全世界永不停歇地行走，用镜头捕捉下无数珍贵的瞬间。他拍摄的很多经典的瞬间，已经成为了20世纪的时代缩影"。

但是，这种表述，难免宏阔而粗疏。马克·吕布具体而微的拍摄与生活细节不见踪影，他和中国摄影圈发生联系的种种交往，我们更无从知晓。他是如何克服各种限制和语言困难，自由地拍摄中国领袖和普通中国人生活的？1993年，他在深圳见了好几位当时中国非常优秀的摄影师，为何独独吴家林从此实现了人生的巨大转折？平遥国际摄影节又和马克·吕布有着怎样的渊源？他在巴黎的家中，如何接待来自中国的摄影师并帮助他们获得国际上的摄影资源？在北京、上海、深圳、黄山、桂林，他如何等待并捕捉属于他的"决定性瞬间"？所有这些问题，对我们中国人而言，都充满了神秘的诱惑。

我们通过网络征集的这些纪念文章和照片，都来自和马克·吕布关系最为密切的同行、朋友、家人以及业内专业摄影师、策展人、批评家。他们或回忆初见马克·吕布的粗略印象，或叙述在和马克·吕布交往过程中的真情往事，又或者通过评论其作品总结马克·吕布对中国乃至世界摄影的价值和贡献。他们情真意切的文字和回忆，应该可以为我们再现一个骨肉丰满的马克·吕布，也可能获得解答一些长久地萦绕在观众心中的问题和疑惑的线索。

马克·吕布为世界摄影做出了巨大的贡献，也对中国的纪实摄影发展发挥了巨大的促进作用。他就像一面历史的镜子，无声地刻画了风云变幻的时代风景。在马克·吕布诞辰100周年之际，我们希望通过汇集这些纪念文字和图片，表达对他的怀念和尊重，也呼吁大家关注马克·吕布漫长的摄影人生，进一步促进对其摄影作品和摄影思想的深度研究。

吴毅强

目 录

前言：历史之镜 / 吴毅强 / i

怀念法国摄影家马克·吕布 / 安　哥 / 001

我的舅舅马克·吕布 / 阿兰·朱利安　翻译：罗永进 / 007

往事有点如烟——我接触的马克·吕布 / 顾　铮 / 015

人缝中的马克·吕布 / 海　杰 / 019

马克·吕布的魅力 / 胡武功 / 021

好照片 / 黄庆军 / 035

马克·吕布在中国 / 凯瑟琳·吕布　翻译：CHI / 039

淘气的马克 / 克拉夫迪伊·斯鲁本　翻译：肖仰莉 / 045

从马克·吕布的一封回信说起 / 李　楠 / 055

80年代中国纪实摄影和马克·吕布 / 李　媚 / 067

马克·吕布在黄山 / 凌　军 / 077

镜头中的世界 / 刘香成 / 085

马克·吕布二三事 / 罗永进 / 089

我见到的马克·吕布 / 钱　明 / 095

马克·吕布和十号大院 / 任锡海 / 099

回忆法国摄影大师马克·吕布 / 司　墨 / 111

马克·吕布与中国摄影 / 司苏实 / 145

文化与人道的关怀：马克·吕布 / 王璜生 / 155

马克·吕布二三事 / 王志平口述　钱丹记录 / 159

我们离马克·吕布有多远 / 闻丹青 / 165

我与马克·吕布 / 吴家林 / 171

马克·吕布：生活、历史和艺术 / 吴毅强 / 205

蓝白红——我看马克·吕布的中国摄影 / 萧　沉 / 215

返乡的归人——跟随马克·吕布的照片回里昂 / 肖　全 / 229

怀念马克·吕布 / 张新民 / 239

我们曾经有过的生活 / 张艺谋 / 245

附录 / 247

怀念法国摄影家马克·吕布

::安哥

记得大约在1981年，我慕名到王苗家去看她家收藏的许多摄影画册。当我看到马克·吕布的画册时，我特别激动，那些画面几乎就是我曾亲历、目睹的中国五六十年代的生活场景，让老马拍出来，就那么真实、生动而有趣。王苗告诉我：老马是布列松的学生，他也秉持"决定性瞬间"的观点。前不久他还来到中国，来拍摄北京香山饭店的落成典礼。他拍摄时不论室内室外都不用闪光灯，拍摄视角也不断变化……

随着国家改革开放的不断深入，我和同代的一些中国摄影师曾暗下决心，今后中国人的生活不能只靠老外去记录。那时候我们已痛感：中国主流媒体的新闻摄影、纪实摄影其实已退化为公关摄影了。外国的摄影大师除了技艺高超、眼光敏锐外，更重要的是：我们曾亲历、目睹的中国五六十年代的生活，在中国的媒体上根本见不到，但被马克·吕布拍到了，而且拍得那么入木三分。

1992年，我正在香港《中国旅游》画报任编辑、记者。本来我的采访计划里也有关于邓小平南方谈话等内容，但是当我听说老马也要来深圳采访，还请了我们的朋友肖全当翻译，我立刻来精神了，不得不佩服老人家嗅觉真灵。我常去听肖全和杨延康讲他们陪马克·吕布拍照的故事，我真的很羡慕。有一天，快下班的时候，王苗通知我，马克·吕布从北京途经香港转飞机，要与我们见面。我立刻非常兴奋地跟着她和香港同事李碧慧去了飞机场。天刚黑，我们就接到了老马。他身高有一米八以上，瘦得很有骨感，白得发亮的头发提醒我他当时已是年过七旬了。但当我热情地抢过他的摄影包背上才感到，他的摄影包可不比我的轻。

::2002年,平遥。许培武摄/上

我们在机场咖啡厅刚坐下,老马就从包里掏出一沓照片,有一百来张,都是他刚从中国各地拍回来的。我当时真后悔,也真惭愧,没有把我自己的相册带来向他请教。好在王苗带了几本画册,其中有我的两张照片。

1997年,有一次,马克·吕布约了云南的摄影师吴家林到广州会面,并接受一家法国电视台的采访。老马一到广州街头就疯狂地拍起来了。胶卷拍光了,又让吴家林带着到处找地方去买。一直拍到天黑，才发现翻译跑丢了。第二天一早，吴家林就打电话给我，让我帮忙找翻译。于是我叫上我一个会讲些英语的同事，并带上自己的相册，直奔他们住的旅馆。

帮他们联络好翻译后，我就跟老马聊起1992年在香港机场的旧事，并把相册递给老马，请他指教。

老先生把我的相片铺在床上，很认真地一张张地翻看，并有所鼓励。他还从中抽出一张小样，让我签名，说希望留作纪念。我说："这张放得不好，我再放一张好的寄给你。"他说："不用。"一个多小时过去了，翻译和法国电视台的记者们都来了。我们向老马告辞的时候，他签名送给我一张以他的作品印的明

∷2002年，平遥。许培武摄/上

信片。

2002年9月，在山西的平遥国际摄影节上，我带着自己新放的作品与广东的朋友在华北镖局和商会博物馆展出了"南方十一人"影展。年近八旬的马克·吕布也带着自己新近拍自中国的作品在县衙门里办了个影展。

看了他的作品，有朋友说："马克·吕布老了。"我说："未必！还要再等二三十年。也可能那时才发现他今天拍到的信息，是我们视而未见，又特别有当代中国时代感的图像。"

在开幕式上，老马还对中国的摄影师们说："中国现在开放了，中国摄影师们看到世界丰富多彩并举起了自己的相机。但是你们千万不要忘记：你们身边发生的事是当今世界最精彩的，别忘了举起相机，拍下你周围的人和事。"他一边说着，一边举起相机对着中国摄影师们按下了快门。

在这之前的一天，我见到老马的外甥阿兰·朱利安（Alain Julien），他是国际著名的摄影策展人。我告诉他我正在应邀写一篇文章讲我心目中的大师，我会写到马克·吕布。阿兰叫着说："不！不！他还没有死呢！"我们都笑了。我明白：大师和他的作品是要经受岁月磨洗的。

我的舅舅马克·吕布

阿兰·朱利安

翻译：罗永进

Marc Riboud is my mother's brother, my uncle. When I was sixteen, I started to work for him during school holidays. He introduced me to photography, but he also introduced me to China. Although he photographed many places, China was his favorite country and has his favorite people!

After I lived in New York, working in photography, I came back to France and then decided to go to China with my wife, a Chinese literature specialist, Veronique (Wei Shuyi). We went to see Marc and told where we were going: Luoyang. He recommended a few Chinese photographers.

During our year in Luoyang, I got to know Si Sushi, the director of the newspaper "People's Photography", and together we managed to create and open "Pingyao International Photo festival" with the help of Marc Riboud. With his knowledge of the photography circles: photographers, galleries owners, collectors and museums. He also helped with his connections in the business world. He gave us the names and phone numbers of foreign journalists working in Beijing or Shanghai. When he came to Pingyao, he was so happy to see so many Chinese photographers; friends and friends of friends. Everyone knew him, his books, his pictures. Often he would ask us to ride in our car so he could have some private time away from the friendly crowds of photographers !

At the same time he was so happy to witness such a wonderful event, the festival, which attracted so many people, from China of course, but also from Europe, Asia and America.

The first year of the PIP festival, Marc was in New York during the 9.11 events (World Trade NYC terrorist attack) and he still managed to attend the opening of the PIP festival a few days later.

After the festival, we went together to Shanghai and he introduced us to the director of L'Oréal for whom he had worked in China and Europe and this company became a strong sponsor for the festival.

The next year, he asked me to do him a "favor". He told me to hire his son Theo to be my assistant. "Like your mother asked me to have you as my assistant, now is your turn to have my son as your assistant." Theo Riboud did a great job, and when his father came to the second edition of PIP, Theo told his father that he had very little time to see him because he had so much work and responsibilities !!!

Marc came a third time to Pingyao in 2003, he brought a box of prints from his pictures of "Huang Shan" to show them during the festival. He brought the box himself, because Marc was always very eager not to spend money. He was not "cheap" but hated to waste money. He told me that I should make sure to bring back the prints since they are very good and so expensive.

At the end of the festival, once all the pictures taken down and out of the frames, they are put in their boxes and I never received these pictures of Marc. I came back to Paris and to his house with some fear, I had to tell Marc about what happened. His answer still rings in my mind:"Alain, you are never to speak about this, the people who lost the prints could have problems if the authorities hear about it. They are friends, we have to protect them." He never mentioned this again. I can mention it today because many years have passed and Marc is probably laughing when he reads my words.

Marc Riboud was born a hundred years ago. For many reasons, he does not look that old to me. As a matter of fact, I am, sometimes, wondering if he is not still alive !

At the same time, I have not seen many new photographs taken by him recently !

Of course I miss him, his joy, his enthusiasm, his advice and above all his slow voice and faint smile.

I shall not remind you nor remember all the good times with him, in Paris, in New York, in Pingyao or Shanghai. I think back of all the people he introduced me to, in photography or journalism but also friends from normal life, even if we only see one another from time to time. Of course I see Catherine, his wife, at least twice a year during the meetings of the "Friends of Marc Riboud" association, I talk to Theo, one of his sons living in Paris. When I feel sad that he is not here anymore, I open one of his books and look at his photographs. Since I have been with him on many photo trips, I can hear and see how he went about to take this or another picture. Always discreet, but with a single goal, a photograph! Understanding how and above all why, he took this or that picture makes me smile and warmhearted.

Thank you Marc, I shall see you soon.
Alain Jullien
Groix, France
October 2023

马克·吕布是我母亲的兄弟，我的舅舅。十六岁时，我开始在学校放假期间为他工作。他将我领入摄影，也将我引入中国。虽然他拍了很多地方，但中国是他最喜欢的国家，有他最喜欢的人！

我到纽约生活后，从事摄影工作，回到法国之后，决定和我妻子——中国文学专家魏淑仪（Veronique）一起去中国。我们去见马克，告诉他我们要去哪里：洛阳。他推荐了几位中国摄影师。

在洛阳时，我结识了《人民摄影》报社社长司苏实，在马克·吕布的帮助下，借助他的摄影师、画廊所有者、收藏家、博物馆的资源，我们一起创办了"平遥国际摄影节"。他还提供了他在商业界的人脉，并给了我们在北京和上海工作的外国记者的姓名和电话号码。来到平遥，看到这么多中国摄影师朋友和朋友的朋友们，他喜出望外。每个人都知道他、他的书、他的照片。他经常要求搭我们的车，这样他就可以有一些私人空间而不再陷入友好的摄影师人群中！

同时，他很高兴亲历这样一个精彩的活动，摄影节吸引了如此众多的人，主要来自中国，也来自欧洲、亚洲和美洲。

第一届平遥国际摄影节时，马克在纽约正经历"9·11"恐怖袭击事件，几天后他仍然设法参加了平遥国际摄影节的开幕式。

摄影节结束后，我们一起去了上海，他向我们介绍了欧莱雅的总监，马克曾在中国和欧洲为他拍照，这家公司成了摄影节的有力赞助商。

第二年，他让我帮他一个"忙"，让我聘请他的儿子西奥做我的助手。"就像你妈让你做我的助手一样，现在轮到你让我的儿子

::马克·吕布和我妈妈，
1980年代末于纽约机场。
阿兰·朱利安摄/上

做你的助手了。"西奥·吕布很给力，当他的父亲来到第二届摄影节时，西奥告诉他，没时间见他，因为自己有太多的工作和责任。

马克在2003年第三次来到平遥，他带来了一盒他拍的"黄山"照片，在摄影节中展出。他亲自携带，因为一贯节省，他不"抠门"，但讨厌浪费。他告诉我，要确保带回这些照片，因为它们非常精美而贵重。

在摄影节结束时，所有照片都从相框中被取出，装进箱子里，但我一直没有收到马克的这组照片。

我忐忑不安地回到巴黎，去了他的家，不得不对马克据实相告，他的回答至今仍然在我脑海中回响："阿兰，你永远不要讲这件事，如果当局知道了，弄丢作品的人可能会有麻烦。他们都是我们的朋友，我们必须保护他们。"他再也没提这事。我今天写出来，因为岁月流逝，也许马克读到这些文字时会笑出声。

马克·吕布生于一百年前，由于种种原因，在我看来他并不那么老。事实上，我有时还在怀疑他是否已经真正逝去。

而且，最近我没看到很多他拍的新作！

我当然想念他，他的喜悦、他的热情、他的建议，特别是他缓慢的声音和淡淡的微笑。

我不去追记所有和他在一起的美好时光，在巴黎、在纽约、在平遥或上海，只回想所有那些他介绍给我的摄影或新闻界的人，还有日常的朋友，即使我们只是偶尔见面。当然，我每年至少两次在"马克·吕布挚友会"上会见到他的妻子凯瑟琳，我也常和他住在巴黎的儿子西奥交谈。当我为他的离去而感到难过时，我会打开他的书，看他的照片。因为随他进行了很多次摄影旅行，我可以听到并且看到他是如何用心良苦地拍这张或那张照片，他总是很谨慎，但目的只有一个，那就是拍摄一张照片！了解到他如何拍尤其是为什么拍这张或那张照片后，我会心一笑，心生温暖。

谢谢你，马克，盼相见。

阿兰·朱利安于法国Groix

2023年10月

往事有点如烟
——我接触的马克·吕布

顾铮

马克·吕布（Marc Riboud）也许是我回国后最早接触到的国外摄影家。记得是2002年，摄影家罗永进找到我，希望我能够陪来上海采访的吕布拍摄一天。正好我有空，因此欣然应承。具体日期是1月14日。此时，吕布已经在中国有了很大影响。他最早为中国人所知，要归功于李媚在1989年主编的《摄影》丛刊。她当时编了"纪实摄影"的专题，我也有幸名列其中。也许是为了和中国的纪实摄影家的工作形成一个对话关系，那一期《摄影》丛刊用了十几个页面发表了吕布的中国照片，同时刊物也请人翻译了一篇他的画册《中国的三面红旗》的前言。记得这些照片在当时就引起了很热烈的反响。

　　他下榻的宾馆是在外滩的和平饭店。早上我在大堂接到他后，两人拔腿出门就从南京东路向西走去。他边走边拍起来。一件印象深刻的事是，在华东电力设计院下面的南京东路上，由于街面比较狭窄，人流比较拥挤，许多行人看人行道上人多，还看到一个"高头大马"的外国老爷子站在人行道上冲着行人拍摄，就赶紧低头避开他的镜头，迈腿走下人行道来到行车道上。这么一来，他拍摄的人流汹涌的街头画面显然要逊色不少。于是，他手一指，让我站到人行道外侧边上。这么一来，我们两人将一条狭窄的人行道"封锁"起来，形成夹击之势。对面过来的行人被我不算魁梧的身体挡住，不能下到车行道，只能在人行道上走。而他则站在人行道里侧尽情拍摄。

　　事后一想，对呀，吕布是用我来调控人流的呀。当时吕布已经受帕金森病的困扰，拍摄时手抖得厉害。我发现，即使是在白天，他也全部使用ISO1600的柯达胶卷，这在当时是感光度最高的胶卷了。他使用这种胶卷，也许是为了克服手抖的影响吧。记得途中我还陪他去了专卖各种小杂物的"中央商场"，买了几把仿冒的瑞士军刀。而在福州路、湖北路交汇处，则发生了一件让我后怕至今的事。在一个写字楼门口的广场上筑有水泥花坛，他站上去取制高点拍摄。奇怪的是，花坛前面还有长得和花坛一样高的冬青树。那冬青树上又正好覆盖着塑料毯子类的东西。他站在花坛上拍了几张后，误以为盖着塑料毯子的地方也是坚硬的，一脚伸出去踩在上面。没想到那下面的冬青树是软的，因此人就一下子摔到了地上。所幸没有受伤，可是我吓出了一身冷汗。

在中午休息时，他说想找到当年在上海拍摄过的一位舞蹈女演员，再拍摄她一次。正好我好友的哥哥沈润樵先生在上海舞剧院工作，轻易就帮我找到了那位女士的联系方式。不过联系下来，她说因为家庭原因，这次无法接受采访拍摄。不过，我们晚上还是去了位于虹桥路上的上海舞蹈学校的练功房。他在那里拍了个尽兴。那天下午还陪他与阿尔卡特公司的人去上海城市规划博物馆谈展览的事，事后来看，应该没有谈成。从舞蹈学校回到酒店后，虽然已经很累，但他还是稍稍打了个盹后，就又上了和平饭店的顶楼拍摄上海的夜景。我从旁观察，一天下来，他拍摄了二十多个胶卷。在胶片时代，一天拍摄约莫近千张照片，这是一个什么样的数字？为了表示谢意，他送了我那张著名的1967年华盛顿反战游行的明信片并签了名。另外还送了一本签名展览图录。之后我们又在平遥见过面，不过围着他的人很多，就是打了个招呼，但也让平遥摄影节的创办者司苏实先生拍到了我们在一起的照片。2010年他最后一次在上海举办个展时，那位舞校的女演员也来到展览现场。当场我也拍到了他们重逢的情景。这是我和他的最后一面。

人缝中的马克·吕布

海杰

马克·吕布很老了，走起路来颤颤巍巍，坐下来，手也在抖。签名像是在画心电图。他自己也记不清了来了多少次中国。更多的往事，他也回忆不起来了。 在他的摄影回顾展新闻发布会现场，灯光一会儿暗一会儿亮，老爷子快要适应不了了。好在发布会终于结束了，但又得给众记者拿到的画册签名。处在包围圈中的马克·吕布显得焦躁而忧愁，对于那些漂亮的女记者，老爷子还是会来点精神，打趣一下。但更多时候，他一直在想什么呢？ 我站在人群的背后，试图想站得更高些，好拍下被包围着的马克·吕布，但这时候，一个女孩的头偏了一下，马克·吕布的眼神就这样径直通过这个缝隙钻了出来……

（刊发于2010年5月26日《南方周末》）

马克·吕布的魅力

胡武功

"马克·吕布赢得了中国！"

"马克·吕布是一位成功报道中国的摄影大师。"

在深圳市一个小酒馆里，肖全、韩磊、杨延康等几位影友余兴未尽地回忆着与法国著名摄影家马克·吕布相会的情景。这是一家川菜馆，生意虽小，却很红火：满堂火锅翻腾，满桌红油飘

∷ 2002年，平遥。
胡武功摄

香，整个气氛都是火辣辣的，特别够味！进餐者大都与开餐馆的老板一样，多属"蓝领阶层"。虽常有艺术家们光顾，却是些收入不丰的家伙。老板娘与杨延康很熟，杨延康亲切地称她为大姐，我请大姐把我从西安带来的正宗腊羊肉切好并要了几瓶啤酒。

一杯冰凉的啤酒下肚，肖全舒坦地甩了一下长发说："我第一眼看见满头银发的马克·吕布就感到他是一位先生，一位学者。难怪他能拍出那样深刻、令人叫绝的照片。"

"是的，什么叫摄影家？就是指那些拍出了时代特征，拍出了历史风貌的人。"不喝酒的韩磊也发表着议论。

杨延康说："看着马克·吕布的作品，就好像吃正宗的腊羊肉，原汁原味，使人信服中国就是这个样子。"

我专门带上耳朵听他们谈论马克·吕布，生怕遗漏最精彩的片段，顺手撕下几页订菜单，匆匆地记着。

七十年前生于法国里昂的马克·吕布，早在五十年代就开始关注中国。从1957年到1983年，他先后七次来到封闭、神秘而深奥的东亚大陆，拍摄了可称为"形象编年"的历史镜头。广泛的题材、深刻的主题、精确的语言，使人难以相信，它们竟出自这位高鼻子、蓝眼睛的洋人之手。曾花数百元买了两本厚厚的马克·吕布作品集的杨延康显得很激动，他抹了一把挂在麦茬般黑须上的酒珠说："像《中国所见》这样的照片，只能出自马克·吕布之手，它是中国二十六年的见证。"

没错，马克·吕布是见证，他的作品则是中国二十六年的历史影集。如果我们把马克·吕布的《最后的贵族》《工地上的知识分子》《电气烫发》《手持大哥大的姑娘》（为叙述方便，以上标题均为笔者所加）排列在一起鉴赏，会明显地感受到一个国家的历程和人民生活的变化。

正如马克·吕布在发表《中国所见》时叙述的那样，革命后的中国，最后一批残存的贵族很快消失了。可就在消失之前，马克·吕布很敏锐地意识到，作为历史资料，残存贵族可视形象的重要与宝贵。他拍了下来，而且那些形象与瞬间是那么准确、生动逼真、可信。一顶毛线织成的圆帽，一身黑色却镶着雪白毛领的大氅，与周围戴布帽穿布衣的平民百姓形成鲜明对照。尤其是从大氅中露出的白皙的手指夹着最时髦纸烟的细节，不能不令人惊叹他双眼的犀利（五十年代中国老百姓一般都抽旱烟和自制纸烟）。这正是五十年代中国社会中两种特定历史地位的人的写照。《工地上的知识分子》同样捕捉了特定时代的知识分子形象。一个筑路工地上，在一群挑担、扬镐的人群中，迎面走来一个戴白边眼镜的文弱书生，穿着印有花格的贴身T恤衫，外着四个兜的制服和打着补丁的长裤，外形特征明确地显示着他与周围那些泥腿子工人的不同身份，尤其是那双极不适宜在筑路工地上穿着的凉鞋，把一个缺乏实际生活经验的读书人形象，活灵活现勾勒出来，可谓画龙点睛之笔。

1979年，当马克·吕布又一次来到北京时，他敏锐地发现在中国大陆已经消失十多年的电气烫发悄悄复苏了。这虽然是人民日常生活中的一个细小的情节，却反映出大政治环境的改变和一个新时代的开始。

过来了，中国人终于冲破了重重苦难和关隘，来到了一个改革开放的新时代。马克·吕布也来了，来到一个快速发展、正在净化的崭新的中国。他来到上海，来到北京，来到大连，来到深圳，来到他想去的任何一个角落。他拍摄了《手持大哥大的姑娘》这种只有今天才能看到的既典型又普遍存在的生活景象。

一道闪电划破深圳上空的云雾，接着下起瓢泼大雨，可酒馆里的温度仍在上升。桌上两盘腊羊肉很快被一扫而光。真货好货总是格外抢手嘛！大姐端上的四川凉皮，一盘一盘被抢吃干净，很快又被各位吸收化作不尽的回忆与议论。我问肖全："在陪同马克·吕布采访期间，你感到他拍摄的最大特点是什么？"

肖全不假思索地说："他拍摄的特点是靠走路、靠眼睛、靠细节。"我看着肖全，发现他那张秀气的脸上流露着自信、肯定与神圣的气韵。"我从5月19日至24日陪他在广州拍摄，6月4日至9日在深圳拍摄。70岁的老人，每天从早上9时至晚上11时，不停地走路，不停地观察，不停地拍摄，马克·吕布先生两腿膝盖旁留下的三道刀痕,就是因走路过多肿大发炎不得不做手术而留下的纪念。我总感到有一种好奇吸引着他,一种情感激励着他,一种使命催促着他,他不放过每一个细节,用精彩的瞬间,回报疲于奔波的两条腿,回报不停搜索的两只眼睛。"肖全的感觉是对的,马克·吕布曾说过:"我是一个摄影家,不是汉学家,在中国我走了很多路,喝了一肚子茶,我感到了解中国最好的办法或许就是用自己的眼睛。在这里关注细节和运动,比在任何地方更能带来知识与理解。"

  从前文所列举的作品中,我们可以看到马克·吕布无一不通过最准确、最具体的细节语言来表达自己的拍摄意图。摄影语言准确、具体的规定性,决定着作品的真实性和生命力。《最后的贵族》中的衣着与纸烟,《工地上的知识分子》中的身姿与凉鞋,无一不是细节的力量,这些特点使其作品生发出强大的震撼力和冲击力。马克·吕布的作品很少有莫名其妙的亮相、似是而非的姿势和模棱两可的硬性关照。从画面上看,他拍摄的都是正在进行中的人和事,都有明确的活动指向和运作规范。然而正是这些具备了严格规定性的人和事,折射出一个真实的历史时代及其精神特征。

  肖全接着说:"关于吕布先生的'细节说',据我观察,除了对形象细节注意外,他对文字和图画细节即环境细节也十分关注。"

  杨延康说:"细节反映一个时代。"

  这使我想起马克·吕布1965年拍的《鞍山》和《上海》两幅作品。前者拍的是鞍山发电厂的一角,画面右边有一个高音喇叭和一幅张贴画，画上写着："你完成了今天的任务吗？"画面左方有一个双手抄袖的工人姗姗走来。我认为这幅作品很深刻地反映出特定时代中国工业的境况。后者表现的是上海街头一幅巨大的宣传画下，一位现实中的农民正大步走过。马克·吕布拍摄的这些形象组合，都不是偶然或信手拈来的。为了这样的形象组合，他常常反复到一个特定的地点，耐心地寻找和等待。是寻找和等待，而不是导演和编造，这其中包含了一个摄影记者崇高的责任感与历史意识。

在马克·吕布的眼中，世上的一切形象都是一种符号，而所有符号都渗透着时代的、政治的和生活的意义。马克·吕布的高明之处，在于他并没有孤立地、刻板地再现各种形象符号，而是一定要在那些形象符号前等待，当现实中有意味的人物形象出现，并与前者组成恰到好处的画面时才按动快门。在我看来这是一种强烈的图片意识。有没有图片意识，是摄影大师与普通爱好者的根本区别。真正的摄影大师所追求的那种好照片，其背后一定暗示着一种更重要的东西。

夜深了，雨未停。深圳人的夜生活很繁忙，几乎所有的窗口都放射着光芒。酒馆大姐端上沏好的茶，每人一杯。喝茶谈艺是地道的中国风韵，可谓最高的享受，也是最美的创造。马克·吕布不是说过，他喝了一肚子中国茶吗？难怪他懂得和理解了中国。可是现在中国时兴喝冷水——矿泉水、纯净水。我小时候常喝冷水，那是因为没钱买开水喝。可大城市与发达地区的人喝冷水，却在于追求营养和讲究文明风度。反差任何时候都存在。韩磊说："我们常常连有害无害、有益无益都分不清。哪些有价值应该拍哪些没有价值不要拍，我看中国摄影界首先应该解决这个问题。"

肖全说："马克·吕布在广州时就说过，麦当劳是美国饮食文化对中国的入侵。其实法国菜和中国菜是世界上最好的，可是现在中国却流行美国的麦当劳，为此他颇觉遗憾。"

杨延康指着桌上的酒菜打趣地说："快吃啊，这是地道的中国川菜，吃少了要遗憾的。"

我想，拍照片也一样，不辨好坏，不识真伪，不懂价值，漏掉了历史的瞬间也会终生遗憾。

综观马克·吕布的《中国所见》和他的两本作品集，我认为至少是目前我所见到的外国人拍中国，拍得最深入、最真实，也最富有人情味的照片。虽然马克·吕布说过，他不是汉学家，他没有去分析与研究中国，但是他用自己的摄影画面最直观、形象、明白无误地向世界介绍了中国，介绍了中国人民的漫长经历。因此，我感到马克·吕布拍摄中国，绝不是一时的好奇和冲动。他一定做了周密的准备，既有宏观战略的运筹，又有微观战术的切入。

肖全同意我的判断。他说："这体现出马克·吕布的一种思维方式。其实每次到中国来以前，他都要作充分的计划。他有许多中国通和中国的朋友为他介绍情况，曾在法新社工作过的罗妮就是他的一位十分得力的参谋。"我想起来了，马克·吕布也说过这样的话："我读所有合适的书，向一同旅游的伙伴学习分享他们的激动、失望和迷茫。"这就是大师和凡人的区别。

肖全介绍说："马克·吕布是一个非常懂得控制自己的人，非常理性的人。有一次去深圳展览馆，他见到一个深圳全景的沙盘，在沙盘中找到自己所处的位置后，他就像一个指挥作战的司令员，指着国贸大厦、香格里拉饭店、深圳海关和老街说："这是我们的拍摄点，这是我们必须去的地方。"果然，后来按照他说过的话，由肖全带路，数次到国贸大厦、香格里拉饭店以及深圳海关和老街等地，直到拍到满意的照片。

我问肖全："马克·吕布为什么对中国这样感兴趣？"

肖全回答说："也许马克·吕布不愿意说那些冠冕堂皇的话，但是我感到，他现在到中国和当年斯诺到中国是殊途同归，我认为他到中国绝不是猎奇，我看到他拍得很投入，很认真。另一个重要的原因是，他认为中国总在动，中国的去年与今年就不一样。而欧美就相对地稳定。他拍中国也许是他的职业天性，也许是一种全球和人类的意识使然。"

我问肖全："你理解他所谓的'动'是什么意思？"

肖全说："他所谓中国的'动',我理解就是'折腾'。这样一个人口众多的大国,总是好动,总是折腾,势必影响全球。这个国家的人、政治、传统道德、思维模式等等都是那么深沉、丰富、复杂、变幻莫测,因此是非常值得关注、研究和报道的。"

肖全的分析不无道理,中国对世界的影响太大了。尤其是近年来中国经济的快速发展,迫使世界不得不睁大眼睛仔细观看。去年中国国民经济以12%的速度猛增,这是全球任何一个国家都没有的。许多二战期间来过中国的记者纷纷二返长安,这预示着中国已成为全球的热点之一。马克·吕布绝不仅仅是从文化传统的方面关注中国,更多的是从政治、经济的角度去认识中国。相比之下,中国的摄影家、中国的摄影记者们不是逊色太多了吗?

肖全告诉大家:"最近马克·吕布在《纽约新闻周刊》上发表了一组照片,总标题是《中国的第二次大跃进》,副题是《中国领导人引导消费》。从中可以看到,马克·吕布是从政治、经济的整体性上来采访和报道中国的。"酒馆的顾客越来越少,外边的雨丝在各种色彩的霓虹灯照耀下,飘红走绿。邻座的几位川妹子被热烈的话题所吸引,她们大概感到惊诧,在人欲横流的深圳竟然还有这等高谈阔论的书呆子。酒馆大姐见我们谈兴未艾,只管忙自己的生意,不时派人添茶倒水。

杨延康说:"马克·吕布无疑是伟大的成功者,我看关键在于他的素质和修养。我们要闯入人家的摄影圈,不到五台山修炼一阵子,就别想下山去拳打脚踢。功夫就是学习、投入和勤奋努力。"

韩磊说："中国摄影家最重要的是一个底气问题，是素质和知识结构问题。"

这是一个中肯的警告。知识结构是人类进步的基础。无论是马克·吕布还是萨尔加多，他们都有丰富的学识。亨利·卡蒂埃－布列松在学习绘画的时候就专心研究过几何结构，作为他的大弟子，马克·吕布同样对几何形体深入着迷，这些对他们的摄影活动都产生过巨大影响。当然，大学识是厚积薄发的基础，并不能代替摄影必备的直觉能力和形象观察能力。只有两者有机的结合，才能获得具备深度与力度的摄影作品。肖全补充说："同样是摄影师，吕布先生每到一地，首先要求有电话、电传。在我陪他的十多天里，他常常花数十元的港币，让我帮他购买《纽约新闻周刊》《时代周刊》和各种报纸。他离不开信息，离不开时代，离不开知识。试想，这样的摄影师怎么能拍不出反映时代的作品呢？"

韩磊说："其实摄影是一件最不简单的事，别看那么多人拿相机，其实拍出来的大都是摄影垃圾。摄影是那些敢于'牺牲'的人干的事情。'牺牲'，不是让你去死，而是抛弃自己生活中的许多。中国摄影大军成千上万，能牺牲的有几人？"

听着他们的议论，我十分感动。我觉得这是一种呼唤，一种呐喊，一种为振兴中国摄影而吹响的号角。外国人是如此地关注中国，在历届较为严肃的国际摄影展赛中，关于中国的摄影屡屡折冠，然而却很少出于国人之手。难道中国的事情必须由外国人去办才成吗？马克·吕布的终极意义是激发了中国新一代中青年摄影家的勇气，给了他们充足的力量。正如韩磊说的那样："搞摄影，勇气太重要了。要有勇气正视自己，坚持下去。"

我翻阅着杨延康拍摄的马克·吕布与中国摄影家一起交谈的照片，感到他们之间的关系是那么随和、融洽、亲切、友善。正像马克·吕布说的那样："我们都是摄影师，虽然国籍不同却那么容易交流与沟通。可法国的摄影师与法国农民就不那么容易沟通。"

奔波了整整一天，不，奔波了整整七十年的马克·吕布斜靠在床头上，两眼炯炯有神地审视着中国摄影家的作品。他认真细致地把他们分成A、B、C三类，然后耐心说自己为什么喜欢A类和不大喜欢C类的理由。云南的吴家林得知马克·吕布在深圳，马上借别人的暗房，匆匆洗出样片，湿漉漉地，捧着赶去会见马克·吕布。马克·吕布手持放大镜，一张一张鉴赏，这给吴家林和其他几位中国摄影家以极大鼓舞。他们在心中说："吕布，我真喜欢你。"

的确，马克·吕布有许多讨人喜欢的地方。他虽然用理性去工作，但又是个极富情感的人，他十分钟爱自己的妻子凯瑟琳。他说过："在我遇到我爱的女人后，我好像重新出发了，她给我一种安宁，消除我的许多不安。"肖全建议他给凯瑟琳买件中式衣服带回去，马克·吕布十分感谢，连声说："这个主意不错！"当肖全买了马克·吕布最喜欢吃的芒果，偷偷放在他的摄影包中被发现时，马克·吕布惊呆了。以后在拍摄时，经过卖芒果的小贩，他一定要向肖全挤挤眼睛。送别时，马克·吕布对肖全说："今后你若去巴黎，我给你带路。"肖全感动地说："这是大师在教我谦虚地做人。"

马克·吕布，一位用自己的作品、人品赢得了中国的摄影大师；一位慈祥的老人、可敬的先生、可靠的朋友和孩子们的摄影大师，其形象深深地铭刻在中国青年摄影家的心中。

已是凌晨，太阳很快就要以新的姿态从深圳那群峰似的楼间升起。我们离开那个小酒馆，走在湿漉漉的马路上，深深地呼吸带着白天余热的空气。大家不时地喊着马克·吕布的教诲："你今天拍照片了吗？"

街上花花绿绿的灯火，仍然不知疲倦地放射着光辉。不夜的深圳，迷人的深圳，被雨水冲刷得晶莹剔透的深圳，为不同追求者提供不同场所的深圳。我走在最后，望着灯影中他们三人的背影——一个为中国艺术家留真的肖全，一个从事美术创作又涉猎摄影的韩磊，一个执着追求高原崇山的摄影大侠杨延康，他们被一种魅力吸引到一起。这种魅力不正是马克·吕布的魅力吗？

我想，中国摄影的希望不就寄托在这些对摄影执着追求的年轻人身上吗？

1993年6月22日深夜于西安

（原载《人民摄影》报1993年7月7日）

好照片

黄庆军

1996年10月，因为马克·吕布先生在北京中国美术馆举办展览，我特意从大庆坐了近20小时的火车去膜拜学习。记得当年在美术馆中见到肖全老师，他总是不时地举起相机拍摄。我最早知道肖全老师的作品是在《现代摄影》杂志，非常喜欢他的拍摄方式。我当年也在展厅中抓拍了一些马克·吕布先生的照片，还看到吴家林老师在现场非常安静，站在角落中观察现场。这两张照片拍摄于马克·吕布先生从美术馆到华侨饭店开新闻发布会的路上。当年印象最深的事是肖全送给马克·吕布两张他抓拍的马克·吕布在拍照的照片，老先生非常喜欢，将作品复印件挂在展厅，原件他要带回法国。多年后有机会听吴家林老师讲述他和马克·吕布的故事，让我更深刻地认识到了好照片的力量。

∷ 吴家林、马克·吕布、肖全，黄庆军摄/上

∷ 马克·吕布夫妇、肖全，黄庆军摄/下

好照片 ▶ 037

马克·吕布在中国

凯瑟琳·吕布 翻译：CHI

Since his first travel in 1957, Marc fell in love with China. Perhaps, in fact, he was in love before, because he dream of China long before he was allowed to enter. He was fascinated by such an old civilisation, that civilisation older than history itself , had said General Charles de Gaulle in 1964.

Marc knew the photographs his master Henri Cartier-Bresson took in 1949, but since then, very few Western photographers were admitted to enter China and only for short periods. This difficulty itself motivated his will of going. He was delivered a visa to enter China on January 1st 1957 and he stayed three months, guided every day by whom Marc called "a guardian angel" Some days, Marc got lost in Beijing, or elsewhere, and he always advised future travellers to get lost deliberately from time to time. For him it was the best way to discover a country and its people.

After his first stay in 1957, Marc returned many times in China. Once for three months in 1965 with his friend K.S. Karol, a French journalist , when Cultural Revolution was beginning, then in 1971, 1979 and in the eighties nearly every year till his last trip in 2010 in Shanghai where he had an important exhibition.

Since his first stay, and during all the numerous ones until 2010, what Marc always loved in China was the people he could see in the cities or in the rural places, everywhere, because he could feel, looking at them, how they were carved by this very old history. Marc could see that in their faces, in their gestures, in their tools, in their courage to learn and to work.

Of course he appreciated the landscapes, the architectures, the rice-paddles and above all Huang Shan mountains but-I think more than anything-he loved to observe the people. We can see that when we look at the photograph of that woman, in the train from Hong Kong to Guangdong. Such a grace in the attitude, such a beauty of her face, such a tenderness in the photographer's look. And Marc has the same way of looking when he photographed the peasants, the workers in the fields or in the factories, the children in the streets.

I assume it is exactly this approach of people or animals that Marc loved in Wu Jialin's photographs of *the people of Yunnan*. Wu looked at the living beings from the same distance, with the same respect and love. And certainly it is the reason of their great friendship. Sometimes, I suspect Marc of resting in

Huang Shan, looking at his Chinese friends painting or drawing the landscape.

　　从马克1957年第一次来中国旅行开始,他就爱上了这片土地。或许,这份热爱早已存在了,因为在被允许入境前,他就一直梦想能够去到中国。那个古老的文明深深地吸引着他。戴高乐将军在1964年说过:中国,一个比历史还要古老的国家,建立了一个如此独特、如此深厚的文明。

　　马克了解到他的导师亨利·卡蒂埃-布列松在1949年拍摄了关于中国的作品,但从那以后,很少有西方摄影师被允许进入中国,即便获得许可也只能短暂停留。成行难度的本身更促动了他想去中国的意念。终于,在1957年1月1日他拿到了入境签证,在停留的三个月中,他在被自己称为"守护天使"的导游陪同下每天穿街走巷。有时候,马克也在北京或其他城市迷路,所以他总建议将要来旅行的人们应该时不时地主动走丢。因为对他来说,这是了解一个国家风土人情的最好方式。

　　在马克1957年第一次来到中国后,他又多次回到这个国度。其中,有一次是在1965年和他的朋友K.S.Karol,一个法国记者,一起待了三个月,那时是"文化大革命"的前夜。他在1971年、1979年和八十年代间几乎每年一次地去到中国,直到2010年,他最后一次到上海举办了一个重要的展览。

　　从他第一次踏上中国这片土地,直到2010年之间无数次的到访中,马克最喜欢在城市或者乡村随处观察不同的人们,在直面他们的时候,马克从他们的脸上、动作中、使用的工具里,还有他们学习和工作的勇气中看到、感受到悠久的历史是如何塑造这一代中国人的。

当然，他也着迷中国的风光、建筑、稻田，尤其是黄山，但我认为他最喜欢的还是观察人们。我们可以看到马克拍摄的从香港到广东的火车上的那位优雅、美丽的妇女，在摄影师的眼里显得多么温柔动人。马克也会用同样的视角去拍摄农田里的农民、工厂里的工人以及在街上的孩子们。

我想正是这种拍摄人和动物的方式让马克非常喜欢吴家林的作品《云南山里人》。吴家林带着同样的尊重和爱看待所有生命的方式，显然就是他们俩结下深厚友谊的原因。

有时，我会觉得马克就安息在黄山，看着他的中国朋友们描绘着风光！

淘气的马克

克拉夫迪伊·斯鲁本（法国）

翻译：肖仰莉（加拿大）

Rencontrer Marc, cétait entrer dans toute une famille.

A commencer par la sienne. Le grand appartement en labyrinthe de la rue Monsieur-le-Prince, au cœur du Paris mythique des artistes et des intellectuels, était son foyer et son bureau mais surtout un salon dit "de conversation" dans la plus pure tradition de l'Histoire de France, depuis…Louis XIV.

Avec son épouse Catherine, femme de lettres, vous y étiez reçu avec la plus grande chaleur, en toute simplicité dans une des pièces meublée avec raffinement sauf qu'à la place des murs il y avait des étagères qui couraient tout le long de l'appartement, remplies jusqu'au plafond des archives photographiques accumulées sur toute une vie.

Il y a comme ça des gens qui sont comme des aimants.

Marc étéait un méga-aimant.

/ Pour la traduction(A noter qu'en français le mot "aimant" a une double signification. Outre l'objet, "l'aimant est aussi" "celui qui aime"). /

Je mets au défi quiconque d'avoir jamais rencontré Marc seul, en tête-à-tête.

Déjà en montant les escaliers vers le Salon de la rue Monsieur-le-Prince, on y rencontrait des personnes qui venaient tout juste de terminer leur rendez-vous, la porte était souvent entrouverte étant donné que ça n'arrêtait pas de défiler et une fois à l'intérieur, ça défilait aussi. Les assistants affairés couraient derrière un négatif, Catherine venait vous saluer chaleureusement, bien qu'en conversation au téléphone, des enfants couraient dans le couloir. On posait ses affaires et on s'avançait vers la pièce d'où venaient les voix. Marc était assis dans son fauteuil confortable. Autour de lui, des gens qu'on connaissait ou pas. Mais ça n'avait aucune importance. Comme il n'y avait pas de "salle d'attente", on entrait et on s'asseyait. On prenait le train de la conversation en marche, de manière naturelle, fluide et le rendez-vous individuel se passait à cinq, quand ce n'était pas plus. Tout cela dans la joie et la bonne humeur.

L'apogée, c'était pendant Paris Photo. Là, on rencontrait la famille photographique.

La première fois que j'avais assisté à un de ces dîners, mythiques, aussi, ce fut un choc.

Quelque temps auparavant, Marc m'avait dit, comme ça, en passant: "Si t'es là pendant Paris Photo, passe dîner à la maison le samedi soir..."

Les plus grands photographes, éditeurs, galeristes, directeurs de musée et j'en passe, venus du monde entier, étaient là, disséminés à travers tout l'appartement, serrés comme des sardines sur les canapés, tabourets, chaises pliantes, assis en tailleur par terre dans un coin, tous à dicuter avec passion, heureux de se retrouver ensemble, tout en faisant attention à ne pas renverser l'assiette sur leurs genoux et encore plus, le verre de rouge.

Il y avait dans cet appartement au cœur de la nuit parisienne plus de monde que sous la nef du Grand Palais.

Henri, qui m'accompagnait depuis 1995 à la prison de Fleury-Mérogis où j'ai commencé mon projet sur les adolescents en prison et que je continue encore aujourd'hui à travers le monde, trente ans après, m'avait dit: "Et si tu invitais un jour Marc. Avec sa générosité, ça devrait bien se passer avec ces jeunes qui ont tellement soif de rencontres, de connaissances nouvelles."

Et quelle rencontre ce fut!

Marc avait apporté un sac entier de ses livres qu'il a dédicassés à chacun des ados mais aussi une bonne quantité pour la bibliothèque.

Peut-être que la bibliothèque du Centre des jeunes détenus de Fleury-Mérogis contient la collection de livres photographiques la plus prestigieuse car le mot passant de l'un à l'autre, tous les "copains" envoyaient leurs livres, toujours dédicassés avec un mot personnel. Le temps d'une après-midi, la même atmosphère, joyeuse et passionnée, comme lors d'un de ces fameux dîners aura régné dans une pièce miteuse d'une prison délabrée dans une banlieue déprimante à quelques kilomètres au Sud de la Ville Lumière.

C'était ça le charme irrésistible de Marc.

Et tout de même, ajouter qu'avant de quitter la prison, Monsieur le Directeur avait insisté à recevoir Marc, dont bien sûr il connaissait et appréciait le travail. Imaginez, quel honneur! Sauf que, malgré le plaisir de la rencontre, une prison ça a des horaires fixes. Et à 18h00 précises, tous les visiteurs doivent être sortis.

Et là, le côté taquin de Marc est apparu, malicieux

comme un enfant qui pique un bonbon dans la jarre juste avant le dîner. Alors que le Directeur se levait, tout en continuant la conversation, mais ouvrant déjà la porte pour bien nous signifier qu'il était l'heure de partir, Marc, assis, bien à l'aise, continuait de raconter ses histoires passionnantes, sourire en coin, comme si de rien n'était. Le Directeur de plus en plus nerveux regardait du coin de l'œuil l'horloge au mur, Marc de plus en plus amusé, parlait. Situation tragi-comique.

Malgré tout, à six heures moins cinq la lourde porte métallique se refermait sur nous de son claquement sec, avec, on l'imagine, de l'autre côté un grand soupir de soulagement de Monsieur le Directeur.

Au milieu des années 2000, nous nous sommes retrouvés en même temps en Chine. Comme Marc avait une exposition à Shanghai, je suis, bien sûr, venu au vernissage.

Je pensais avoir fait le tour des surprises que Marc pouvait offrir, mais là, elle fut démesurée.

Je pense que seules les stars holywoodiennes et quelques chanteurs, mythiques, de rock peuvent susciter un tel engoûement. Là ce n'était plus toute la nef du Grand Palais qui était autour de Marc, mais il se tenait, là debout, au milieu de la Terre du Milieu, adulé.

Radieux, il se consacrait à chacun et à tous en même temps. Toujours cet art de la rencontre en tête-à-tête, au milieu de la foule. Il a même trouvé le temps, et surtout la place, pour une accolade amicale. Et de son air malicieux il a glissé: "On se fait une petite bouffe ce soir?"

Avec cette famille quelque peu élargie, Marc Riboud reste le photographe de référence en Chine car il a su entrer dans le cœur de tout un peuple.

Klavdij Sluban, Valparaiso, octobre 2023.

荣遇马克，亦即融入一个大家庭。

且从到他家那次说起。

在隐秘的巴黎艺术家和知识分子聚集地，位于迷宫般的太子先生街上的那间硕大公寓，就是他的家和办公室，更是法国历史上，路易十四时代以来，最纯正传统之畅聊沙龙。

他的妻子凯瑟琳是一位女作家，于此您能得到她最盛情的招待。里面有间屋子，布置虽然简单却很精致，只是看不到墙，沿着整个公寓绵延的都是层架，主人毕生积累的摄影档案一直堆砌到天花板。

有些人就像磁铁。

马克的慈爱正是他强大的磁场所在。

我敢打赌，没有人曾经与马克单独聚首，一对一那种。

我爬楼梯上太子先生街沙龙时，就与刚会完面下来的人擦肩而过。门通常只是虚掩着，因为宾客纷至，络绎不绝。进了屋仍是熙来攘往，忙碌的助理们步履匆匆找底片，凯瑟琳讲着电话但还是热情地迎上来打招呼，走道里则是欢跳蹦跑的孩子们。我放下东西，循着传出声音的房间走去。马克正坐在他舒适的扶手椅上，围坐着的人有些认识有些不认识，但又有什么关系呢，没有"候客室"，我径直走进去，坐下来，自然而然地很流畅地就融入了进行中的谈话。单独会面事实上成了五个人的海聊，可能还不止。

自始至终其乐融融，酣畅淋漓。

最精彩是在巴黎摄影展期间，那次，我邂逅整个摄影圈大家庭。

首次列席这样的神秘晚宴，甚为吃惊。

前段时间马克曾这么顺口跟我来一句："如果巴黎摄影展你在的话，周六晚上到我家吃饭吧……"

我到了，发现全世界最出色的摄影师、出版商、画廊老板、博物馆馆长等等也都到了。整个公寓里密密麻麻都是人，沙丁鱼般要不在长沙发里挨肩簇挤着，要不在小圆凳或折叠椅上稍事歇脚，再不就在地板一隅盘腿就座，大家谈笑风生，欢聚一堂喜相逢，同时又小心翼翼，免得打翻腿上的盘子，或洒了杯中的红酒。

此时的巴黎夜已深，灯火阑珊，聚集在这间公寓里的人的数量远远多于大皇宫的中殿。

亨利·卡蒂埃-布列松自1995年起就曾多次陪我到弗勒里-

梅罗吉斯监狱工作,我在那儿开始了狱中青少年的摄影项目,三十年后的今天,该项目仍在世界各地继续进行着。有一次他对我说:"哪天你可以邀请马克一起过来,他仁慈慷慨,而这些年轻人渴望沟通互动,又有旺盛的求知欲,相信会面会很愉快。"

那是一次多么美妙的会面啊!

马克带来了整整一袋他的书,签赠给每一位青少年,还有好些留给图书馆。弗勒里-梅罗吉斯青少年囚犯中心图书馆的收藏大概包括了最多声望显赫的摄影书籍,因为随着消息的传递,"小伙伴们"纷纷寄来自己的书籍,而且总是不忘附上亲笔题名。

那天下午,距卢米埃城南几公里处的萧瑟郊区,一座破旧监狱的一间昏暗陋室里,洋溢的是跟任何熠熠生辉的晚宴一般的氛围,愉悦欢快,激情飞扬。

这就是马克令人难以抗拒的魅力。

还得追加一个花絮,我们离开前,监狱的监狱长先生执意要接见马克,他当然知晓活动进行得很顺利,要致谢我们。试想,这是何等的荣耀!不过,尽管会面很愉快,但监狱的作息时间是固定的。下午6点整,所有访客都必须离开。这时,马克谐谑的一面显现出来,犹如孩童临开饭了还从罐子里掠一块糖果似的顽皮。监狱长站了起来,继续谈话,但已经把门打开暗示我们时间差不多可以走了,马克却泰然自若地坐着,继续讲述他引人入胜的故事,面带微笑,好像什么情况也没有似的。监狱长越来越紧张，眼角的余光不断扫向墙上的时钟，马克则越来越开心，侃侃而谈。那场面真是太滑稽了。

不管怎样，六点差五分钟的时候，沉重的铁门还是哐的一声在我们身后关上，可以想象，大门里侧的监狱长先生终于长舒了一大口气。

2000年代中期，我们同时前往中国。因为马克在上海举办展览，我当然也就来到了开幕式现场。

以为已领略过了马克能带来的各种惊喜，但其实这次更为超乎想象。

我想只有好莱坞明星和某些神一般的摇滚歌手才可能唤起如斯狂热。这回不是大皇宫中殿里的人围住马克，而是，马克伫立在中土大陆的最中央，尊享万众追捧。

他神采飞扬，把自己同时奉献给所有人，在接踵摩肩的人群中，始终践行一对一的会面艺术。他甚至觅得时间，尤其是空间，给我来一个友好的拥抱，再带着淘气的表情蹦出一句："咱们晚上去搓一小顿怎么样？"

在这个稍稍壮大的家庭里，马克·吕布仍然是影响中国摄影界的重要人物，他懂得如何走到整个民族的心窝里去。

克拉夫迪伊·斯鲁本

智利瓦尔帕莱索

2023年10月

从马克·吕布的一封回信说起

李楠

最近在整理底片和资料时，发现了一封让我找了许久的信件，这是我非常敬仰的著名摄影家马克·吕布多年前寄给我的一封回信，看到这封来自20多年前的已有些发黄变旧的信，我脑海中浮现出了很多往事，并引发了我对摄影的一些思考。

这封信的缘由是，1998年中国摄影出版社出版了我的第一本画册《李楠报道摄影》。当时我便把这本画册寄给了摄影家马克·吕布，很忐忑又很期待能得到他的一些批评指导和建议。毕竟这是我出版的第一本摄影画册，当时国内还没有"报道摄影"这样的摄影画册出版，画册寄出后我不知道能不能收到回信，也不知道我的摄影作品能不能得到我非常敬重的摄影家马克·吕布的认可。事后又感觉寄画册这事做得有些荒唐，他根本不认识我，我只是一个远在他乡的无名之辈。后来"奇迹"还真的发生了，不久我便收到了巴黎的回信，在信中马克·吕布肯定了我的作品，特别提到了我拍摄的"盲孩子"和"小脚女人"两个专题，他还特别提到用于封底的小脚女人照片更优于封面的彩色照片等等，还让我再寄给他画册用来推荐我，这让我十分感动！对当年还很年轻的我，这的确是一种莫大的鼓励，这封回信让我对自己的摄影之路有了信心和坚持走下去的理由。马克·吕布的回信深深地影响了我的一生，特别是我成为一名大学教师后，我尽可能做到对学生专业上给予更多的呵护和关心，尽量做到有求必应，为学生在学业上答疑解惑。人们常说，美妙的人生在于迷上一样东西。我庆幸我有崇拜的摄影家和我的摄影还有我的学生！

我热爱摄影还应该从1980年发表第一张照片说起，那时我还在做美术设计工作。渐渐地，开始发表摄影作品和摄影小说作品，我创作的多部摄影小说作品还在中国美术馆展出，成为中国第一届摄影小说展览入选作品最多的作者，并发表在当时全国几本有影响的主流杂志上。摄影创作上的收获使我更加迷恋和热爱摄影，最终选择离开了美术设计工作。我先是在电视台跟剧组做助理、拍剧照，然后做了专职的宣传干事，后来进媒体做美编、摄影记者，再后来到大学当老师教摄影、美术，四十多年再没有离开过摄影这个专业。

做摄影其实违背了我从小立志当画家的理想，我很小的时候因受父亲和小姨的影响喜欢画画，上小学便拜山东艺术学院的教授学习绘画，每个周末都在教授家里和他的女儿及几个同龄孩子画画，平日里在学校画黑板报和参加画展成了日常，后来创作的作品还参加了全国青年美展。但随着摄影创作的不断深入，我越来越感觉绘画的创作太主观，年少轻狂的我总感觉绘画缺少了些温度。摄影它直面生活，随时观察记录生活，各种平日里完全关注不到的社会角落和人群都向我涌来，丰富的拍摄题材让我充满了热情和感动，我常常在紧张和不安的瞬间中按下快门。整个摄影过程包括冲洗底片、放大照片都能带给我快感，每次都期待着拍摄的内容从显影液中慢慢出现，既美妙又美好，这完全是一门让人心动的艺术。摄影让我的性格发生了很大的变化，从喜欢安静开始变得到处寻找热闹和新奇。

马克·吕布百年诞辰纪念文集

Li Nan
76, Xiaoliuhangtou, Staff
Secondary School of the First
Commercial Bureau
250037 JINAN
REPUBLIQUE POPULAIRE DE CHINE

marc riboud · 48, rue monsieur le prince 75006 paris
tél : 33 1 46 34 23 59 · fax : 33 1 40 51 05 19 · e.mail : m.riboud@easynet.fr

June 17, 1999

Li Nan
76, Xiaoliuhangtou, Staff
Secondary School
of the First Commercial Bureau
250033 JINAN

Dear colleague photographer,

I just received your book. I like it very much. I am especially moved by the black-and-white photographs and particularly by the story on the blind. It gives a very warm and gentle image of those handicaped children. Often photos of such children are too dramatic and too hard to look at but here there are many smiles. The story of the foot-bound woman who walked beyond a wentury is marvellous. Photograpically it is excellent and full of hope.

I much prefer the back cover in black-and-white than the front cover.

Would you make me a great favour; could you send me one or even two extra copies of your book. I would like to show it to a French friend and French publisher.

How did you get my address?

With my admiration

Marc RIBOUD

:: 马克·吕布多年前寄给我的一封回信 / 上

至此，绘画成了我进入摄影的"缘"，接受过的比较扎实的美术教育也成了我在摄影中快速成长的基础，并由此学会了如何从另一门艺术形式来思考摄影，思考绘画和摄影的关系，经过一番实践和获奖后，我希望我的摄影作品更纯粹，而不是更贴近绘画。虽然艺术门类之间的相互学习和借鉴是必不可少的，但绘画和摄影是两条不同的河流，不应汇为一条大河，用绘画或其他艺术形式去改变摄影会让摄影离它的本体语言更远，摄影的特性也会变得越来越模糊；反之，绘画也是如此。我特别感恩摄影，如果没有做摄影，我一定会遗憾！

我所经历的那个时代是中国飞速发展变化的改革时代。如果没有接触摄影，它就会从眼前轻易地走过，而不是被我记录在胶片上，毕竟我们这代人在一生中能遇到这样的时代是十分幸运的，40多年的摄影经历是生活给予我的最大"财富"。历史、时间、真实构成了摄影的美，让它显现了独特的魅力和艺术个性，摄影对我们所经历的那个时代是一个特别的贡献，是其他艺术形式无法比拟的。纪实功能让摄影呈现的内容大于形式，对内容的主观选择必然会彰显摄影的力量，也反映了摄影家的才华、勇气和洞察社会的能力。从马克·吕布等众多著名摄影家对中国的作品的关注中，我再次看到了他们对变化的中国所表现出的非凡和精彩的浓厚兴趣。

自从走上了摄影之路，摄影成了我生活的一部分，我开始建立了对摄影的一些信念。我曾在1998年出版的第一本画册的扉页上写道："摄影是摄影师主观的视觉影像，摄影师的思想深度直接影响着作品的深度，摄影师追求影像的轨迹也是他思想发展的轨迹，好的摄影师会把摄影当做生活，也会把生活视如摄影，与被摄者的平等态度及对他们的热爱是作品成功的关键，只要摄影师的思想不枯竭，他的作品也会没有极限。"其实，刚开始热爱摄影时我并不十分明确拍摄的方向和内容，八十年代并没有像今天这样好的摄影环境。那时候摄影是一个小众领域，背照相机的人基本都相识，摄影的资讯非常少，当时以沙龙摄影、主题摄影、绘画式摆拍为主，摄影的出口主要在报刊发表。我早期的纪实摄影曾被认为是一些没有主题内容的记录，我反感宣传摆拍或档案记录性的摄影。摄影作品虽然不一定要有明确的主题，但按下快门的瞬间一定是有让我感动的内容。记得我在1990年做第一个展览时，非常渴望由省摄影家协会主办。但得到的信息是摄影家协会主席团会议没有通过，他们明确地告诉我，"这样的照片可以一天拍摄60幅"。而我当时的个展共展出60幅作品，是我从近十年的拍摄中选择出来的，也是当时我对摄影的一些思考。

　　刚开始摄影时，为了拍出有质量的摄影作品，我给自己规定了一天不少于一个胶卷的拍摄。由于当时的经济条件差，我用自己缠的乐凯盘片。大量的拍摄有两个原因：一是让我从长期绘画的观察习惯改变为摄影的观察，二是训练摄影的创造力，由瞬间观察到完美捕捉的能力。这也是遵循著名摄影家布列松的"决定性瞬间"的实践，布列松诞辰100周年时我还很荣幸地应香港《明报》杂志之约写了一篇《布列松是一座无法超越的山峰》的纪念文章，并配了我的纪实摄影作品一同发表。同时发表的还有两位我敬仰的著名摄影家台湾的阮义忠、香港的高志强的纪念文章和摄影作品。

我早期系统的摄影启蒙教育得益于著名摄影家阮义忠《当代摄影大师》（1988年出版）和《当代摄影新锐》（1990年出版）等著作，从他的书中知道了众多著名摄影家和他们的作品，这在当年是何等重要。《明报》刊登的作品大部分也是我第一次个人展览中的作品，这次展览中还有我在八十年代拍摄的第一次在日本国际摄影比赛中的获奖作品，名字就叫《无题》，但随着时间的推移，画面里面所有的描述不清楚的信息和瞬间都有了含义，是时间赋予了它丰富的意义，纪实摄影的价值便呈现了出来。记得前些年我们美国展览的策展人A.D.柯曼对我说过一句话："你的纪实摄影五十年以后便会显现它的价值……"后来台湾摄影杂志分期介绍大陆摄影家，介绍我的作品也选自这个展览。早期纪实摄影的实践即是向马克·吕布、布列松等纪实摄影家们致敬的开始，也奠定了我的纪实摄影方向。

走上专职摄影工作道路后，多年的工作经验让我在职业摄影生涯中练就了两套工作方式，职务摄影和个人摄影两种不同的介入及拍摄思路，连使用胶片和相机也会不同。我认为优秀的摄影作品一定包含了个人美学修养和对社会的认知，大部分职务摄影往往和自己要拍摄的想法是背离的。美术学习的背景对我的摄影起了重要的作用，它早于摄影学习对我的影响。摄影的难度在于器材及技术手法的相似，独特性和陌生感对摄影非常重要，这就要求摄影人的独立思考，特别是在摄影文化十分普及的当下。资讯的发达让我们沉醉在各种图像和画册的"喂养"中，众多摄影作品难免会成为用照相机拍摄出来的AI作品，在作品中往往显现出不同风格或类似风格的熟悉影像。其实，读经典是为了启发想象力和洞察力。而我们的教育则不然，各种不同类型的套路化学习及进阶式的教学模式让摄影变成了别人作品的化身，而缺少了启发艺术学习者的自发性。回看布列松、马克·吕布、萨尔加多、寇德卡等等玛格南的著名摄影家们的作品，曾有一段时间我也认为他们有些过时了，不够当代，随着年龄的增长和不断到世界各地看展学习，我又开始喜欢他们摄影作品中的纯粹和真挚，并常常被感动。由于学美术的原因，我非常喜欢当代艺术，开阔的艺术视野对艺术教育非常重要，由于曾主持摄影专业的教学管理，我还在我们学院的摄影专业教学课程中加入了"摄影美学""当代艺术""策展艺术""融媒体艺术"等教学内容，我也一直思考如何让摄影专业更彰显自己的艺术特性。当下更多关于摄影作品的置景展示，大画幅电脑处理的震撼细节，各种科技手段的运用及文学、哲学的诠释和更多的隐喻手法，还有大量让观众不知所云的文字描述，视频的介入，巨大的资本投入，都让摄影跻身于当代艺术之列。摄影的不断开疆拓土，让摄影蒙上了艺术的面纱，但摄影如何区别于其他艺术门类，它的疆域和边界在哪里？

摄影能让我持续地迷恋,更多的是因为它的纪实特性。出版了第一本画册并得到了著名摄影家马克·吕布的认可,为我继续深入拍摄中国最后一代小脚女人的题材提供了更大的动力,我继续在全国各地寻找挖掘这系列题材。多年后,小脚女人的作品在平遥摄影节、连州摄影节、百年印象画廊都做了个展,并被国内外的艺术机构和个人收藏,德国徕卡杂志也发表了这个作品,2005年又由"黑镜头"系列丛书出版了《绝世金莲》单行本。长期关注中国最后一代小脚女人和盲孩子、福利院的孩子等题材的拍摄,确实是需要耐得住寂寞,这样的题材在我开始关注并拍摄时基本没有发表和获奖的可能,被认为是社会的阴暗面,我之所以去拍摄这些题材都是因为它们唤醒了一种被叫作"良知"的东西,并触动了我内心深处的"痛点",从此义无反顾地去拍摄。多年拍摄下来,我并没有特别明确的目的和价值考虑,当然也不会有像现在的目标明确的"项目"之说。

总之,我真正把摄影当成自己的生活方式离不开摄影家马克·吕布及玛格南众多摄影家们对我的影响,他们是我一直以来最热爱的一个摄影家群体。1996年我第一次出国,在荷兰领奖后又去了欧洲几个国家。在法国巴黎,摄影家曾年带我去了玛格南总部,见到了久仰的玛格南掌门人并参观了玛格南,看到了许多玛格南大师的作品。这是我的第一次欧洲之行，近一个月的时间，除了看展就是在书店里看各种摄影画册，也买回了很多画册，并导致行李超重被罚款，当年这些画册在国内是完全看不到的。初次走出国门，我有一种眼前的世界忽然被打开了的感觉，特别是在巴黎还看了马克·吕布、萨尔加多的大型个人作品展览，受到了非常大的震撼，当时我们国家开放不久，能走出国门都是一件很难得的事。特别是看到马克·吕布拍摄的中国，与国内常见的照片有着巨大的不同和区别，展览的作品又一次坚定了我当年对自己用相机记录生活的信念，马克·吕布的摄影作品让我感受到了摄影的非凡价值和无法超越的力量。他的展览的巨大海报是他拍摄的中国，中国内容的影像可以被全世界的观众读懂，一个个普通的中国人和他们的普通生活，在他的镜头里呈现得如此和谐、完美和精彩，他的作品使我看到了一个摄影家的修养和摄影技艺的完美境界，这是我一直以来喜欢马克·吕布作品的理由。我也渴望像他和玛格南摄影家们那样去记录我身边的人和事，从他们的摄影作品中我看到了我们所向往的"功夫在诗外"的境界，摄影貌似简单，而要达到这样的目标，的确需要毕生的磨砺和修炼。

受我的影响，我的孩子李小楠也拿起了照相机，和我一样喜欢并崇拜马克·吕布。他在上小学时我给了他一个傻瓜照相机，他用这个操作简单的相机记录着他每天的生活，这组拍摄多年的名为《我的小学生活》的作品先是在国内获得过三金二银的好成绩，后又被世界著名儿童杂志 *SAM SAM* 选中刊登。摄影让他度过了愉快的童年生活，在小学期间广东花城出版社和山东明天出版社给他出版了两本关于学习、生活、摄影的图书，在书中他说他最崇拜的人是摄影家马克·吕布。书中还收入了一篇人民摄影报记者杨晋峰2002年在该报发表的采访李小楠的文章，题目就用了《长大要当——马克·吕布》。

摄影家马克·吕布不仅影响了我，也成了我儿子心目中的偶像。

80年代中国纪实摄影和马克·吕布

李媚

我们为什么会选择马克·吕布呢？这个问题得回到八十年代的摄影情境中去。20世纪80年代以前，我们的摄影没有积累出跟世界摄影史相对应的、在某种意义上同步的摄影形态，摄影完全是在政治统管下归属于革命意识形态的一种工具。直到1976年政治改革和经济改革之后，中国的文化艺术领域才发生了新中国成立以来前所未有的变化，我们把这一时期称为中国文化的新时期。

由于摄影术进入中国以后，没有配套的摄影教育，那么摄影的一切，还不谈它对于社会生活历史的意义，仅仅是基于材料、基于技术工艺所产生的语言，基于摄影这样的一种观察方式和拍摄方式所产生积累出来的一种观看的文化等等，都没有形成我们中国自己的摄影史。虽然民国时期的摄影有待于我们挖掘整理。但是从目前所看到的民国摄影，也仍然是找不到一条与世界的摄影发展相关联的线索。在这种背景下，我们有幸在八十年代开始介入摄影媒体的人，似乎自觉不自觉地感觉到自己肩上有一种责任。

我有幸被浙江摄影出版社邀请主编《摄影》丛刊，于1988年8月出版第一期，而1989年1月出版的第二期就是刊登了马克·吕布"中国所见"的这一期。当时浙江摄影出版社有一个非常开明的社长叫盛二龙，我觉得他的名字是绝对不应该忘记的。因为我们今天所看到的一些出版物，如果没有出版家、没有编辑的话，都不可能成立。盛二龙是对摄影有独到看法的人，那时候我在深圳办《现代摄影》，他邀请我到杭州给他们出版社办一份杂志。但是由于我们国内的杂志管理体系的严格性，要申请一本杂志

"出生证"几乎没有可能。在这种情况下，浙江摄影出版社利用了自己的优势办了"摄影丛书"，"摄影丛书"和杂志的区别就在于杂志可以登广告，而这一类的摄影丛书是不能登广告的，它属于一种正式的出版物。我们邀请了当时在广州岭南美术出版社当编辑的杨小彦，他是最早并且深度介入摄影的一位重要的理论家。

在第一期和第二期之间，浙江摄影出版社在杭州开了一个跨媒介的摄影研讨会，我认为这个会议是中国当代摄影发展史上一个非常重要的会。当时我们邀请了美术理论界的范景中、洪再新、杨小彦、彭德、皮道坚、黄专，深圳文学批评家钱超英，摄影界有来自香港的冯汉纪，陕西群体的代表潘科，四川做人文地理摄影的代表陈锦，当时还是上海照相机厂技术员的顾铮等。研讨会上范景中提出了一个特别重要的观点，他觉得自1976开始十多年过去，非常可惜的是，我们和世界摄影史从来没有接轨，没有一个基于世界摄影史而展开的中国摄影现状分析研究。所以他提出我们要向世界摄影史学习，我们要大量、系统完整地介绍世界摄影史，在这个基础上来探讨我们摄影的缺失以及发展方向。钱超英在研讨会上也提出了一个很有意思的观点，他不理解的是为什么摄影界要反对工具论，他认为摄影就是一个工具，认为摄影对于反映现实生活是一个最有力的工具，我们应该在工具的这

个意义上去理解摄影。

通过对摄影史的了解学习，我们看到摄影对于人类文化最重要的作用之一就是：记录。记录我们的生命状态、日常生活，记录人类社会发展的轨迹。我们必须回到原点，回到摄影最本质之处。我想，这就是我们后来提倡纪实摄影的背景。

在建立这个想法之后，正好有一个小细节促成了《摄影》第二期纪实专辑。有一位摄影家林永惠，跟我谈到他采访唐山大地震的经历。他作为一个军队的摄影记者参加了唐山大地震的拍摄。他告诉我，当时规定不能反映地震的残酷，必须正面歌颂抗震救灾，对于那种自然灾难给我们带来的残酷，人们受到的痛创、一个城市受到的痛创，生命的挣扎……一点影像都没有留下。之后我跟杨小彦谈起这个例子，我们想到了一个问题，作为

:: 1989年1月出版的第2期《摄影》杂志马克·吕布作品第一次和中国读者见面。书籍提供：王彤/上

摄影，我们怎样向历史交代？我们是不是不应该让历史留下空白？不能让历史留下空白应该是摄影的使命。

　　就是这样一些原因，促成了这一期《摄影》，这是中国第一本以"纪实摄影"作为专辑的出版物。这期杂志登载了军队摄影师柳军在越战中拍摄的照片，他的照片记录了我们在中华人民共和国的革命战争历史中很少看到过的关于战争的残酷血腥。陈炼一当时是《中国妇女报》的记者，他的这一组在采访两会时拍摄的肖像，体现了作为一个新闻从业人员的个人观察，我觉得是中国新闻摄影的一个极大的突破。金涌的作品拍摄了湖北某监狱教育改造营的日常状态，这方面的照片在当时是非常难得见到的。安哥是在中国纪实摄影中比较深入、自觉地进行社会观察的一个摄影家，因为他身处于改革开放的前沿城市广州。我们把他拍摄于一个农村院子墙面不同历史时期标语的照片，放在了这一期的封面。在我们选择的这些作品中，他们的内涵已经超越了纯粹的摄影。

这一期国外摄影家介绍的重点就是马克·吕布的"中国所见"。这组照片是第一次在媒体中与中国的读者见面。再回到这个问题，我们为什么会选择马克·吕布？其实这一期《摄影》我们也刊登了玛丽·爱伦·马克的作品，玛丽也是一个对我们中国摄影产生非常重要的影响的摄影家。但是从读者的反馈来看，玛丽·爱伦·马克的影响远远不及马克·吕布。在那个年代，如果询问很多摄影家谁是最初对他们产生影响的人时，可能他们都会提到马克·吕布。其实，不是我们选择了谁，而是我们遇到谁。那时候的资讯完全不像现在这么丰富。非常有意思的是，我们不仅遇到了马克·吕布，而且遇到了他所拍摄的新中国成立之后历史中的中国。摄影人通过他的照片看到了令我们惊讶的视点，看到了被我们忽视的细节，看到了不同观念之中一个西方人对中国的观察。这些照片就像一扇门，一下子打开了大家的眼界。当然，还有一个非常重要的原因是我们从他的照片里，看到了不同于我们司空见惯的图像的历史叙事。

很多摄影家看这些照片的时候，会反过来想为什么他能够从人的姿态：三个相拥而行的穿棉袄的小女孩身上看到亲密的人际关系，而我们看不到？比如松花江畔长辫子的四个女孩，图片说明是：这四个坐在松花江畔的女孩，在后来她们的辫子可能就会被剪掉。还有一张照片是一个劳动场面，里面有一个戴眼镜的穿着海魂衫的一个人，图片说明他是一个在下放农场劳动的知识分子。马克·吕布对一张办公桌上同时放置的很多部电话感到好奇，他从工人吃饭都带着劳保墨镜吃饭的场景看出工作的忙碌……他既通过拍摄发出了他的疑问，也从他的拍摄场景中反映不同国度的普通人的生活。比如有一张照片是一个人在睡觉，背景是家里墙上贴满了奖状，还有钟和全家福。按我们的理解，这样场景应该是事先摆好让他去拍的，但是，通过这个房间，马克·吕布看到的是中国人是把财富、家庭历史和荣耀放在墙面上。当然，他之所以这样拍摄，正是因为他处于一种随时随地的比较中，比较和差异形成了他的中国所见。马克·吕布的这些从宏观到细微之处的这些观察，深深地触动了当时那些在进行社会记录的摄影师们的神经。我们突然发现，为什么我们的摄影只有宏大叙事而忽略了生活中的细节？为什么我们对生活中的符号视而不见？为什么我们的目光如此局限？马克·吕布告诉中国摄影师，我们应该怎么观察生活。提醒我们要有体察人性的眼光和温暖。

虽然马克·吕布自己不太乐意把自己定义为做一个记录历史的摄影家，但是至少我认为马克·吕布的"中国所见"对于我们历史记录的贡献是很大的。他和他的老师布列松是不一样的。布列松在摄影史上的贡献是通过他的观察，发现了世界的另一种存在，一种非常自由和自在的秩序，而这种秩序被他在瞬间抓取，形成有序的结构，他在照相机背后的眼睛像猎人一样敏感，决定性的瞬间是他对于摄影的一个非常重大的贡献。

我们通过"中国所见"的这组照片，看得到马克·吕布对叙事性的兴趣。纪实摄影有一个很重要的方面，就是叙事，这种叙事源于什么？源于我们人类文明建设过程中讲故事的一种习惯，人类文明最初就是通过口口相传的故事传承下来的。纪实摄影往往包含一种通过摄影来讲故事的传统。除此之外，马克·吕布给了我们中国摄影家一种丰富的视觉趣味，在这之前我们很少具备这样的能力，对于那种瞬间结构的丰富性是缺乏理解的。但是当马克·吕布的这组"中国所见"照片发表以后，很多的摄影家都跟我谈到，这种隐藏在偶然和瞬间的丰富，他们怎么从来都没有关注过？

我们可以看到马克·吕布对中国摄影家的影响，比如安哥的那张超人广告和下面的行人，他的形态、动作，形成一种非常有趣的瞬间，这可能就是从马克·吕布那儿受到的启示。再比如云南的摄影家吴家林，他是受马克·吕布影响最大的一个摄影家，也是马克·吕布在中国最推崇的一个摄影家，他把吴家林推向了世界。由于马克·吕布的引荐，他入选了摄影人都知道的"摄影黑皮书"，成为其中唯一一个中国摄影家。我们看到吴家林的图片的时候，会发现他对在运动中的人物和背景相互之间构成的趣味和一些小细节所表达出的内容非常敏感。当然也不能纯粹说只是受马克·吕布一个人的影响，但如果当初我们发表的照片不是

"中国所见"，而是他在西方的拍摄，我想，结果会完全不同。我们感谢马克·吕布，同时，也感谢当时为我们提供马克·吕布这组作品的张海儿，正是这些看似偶然的原因，让我们在上世纪的八十年代最需要打开眼界的时候，与马克·吕布的"中国所见"相遇！

根据2010年5月12日李媚在中央美术学院讲座视频整理

马克·吕布在黄山

凌军

第一次与马克·吕布先生相识，是在1989年的夏季，那是马克·吕布首次来安徽摄影采风。那时，我在省旅游局从事外事旅游摄影宣传工作，所以单位安排我陪同他，并负责他的生活及安全。

行程中陪同他去皖东滁州市城区、凤阳古城区及琅琊山风景区等地，先后三天。马克·吕布先生始终挂着一台徕卡相机，走哪拍哪；他的关注点是社会人文，把镜头对准市民、商贩、老人、妇女等他所感兴趣的人和事。拍摄时他从不惊动现场，也并非像西方记者们那样的"纯新闻"。他注重人物事件与周边环境，拍摄时注重景物与光影、构图情趣性、节奏感，可谓游刃有余，手段独到。

1989年的安徽，改革开放的程度不及其他发达省市，皖东地区的旧县城容城貌相对落后，作为陪同的我，对西方记者的"兴趣点"有所顾忌。但一路陪同马克·吕布的法语翻译陈先生打消了我的顾虑。午餐时，陈先生说道："马克·吕布先生是中国人民的老朋友，他关注中国，客观报道中国，10多次来中国，到过我国的大城市，也走遍乡村、县城、工矿、田野，对中国人民特别地敬重与关注，尤其是对中国的经济发展，拍摄报道比较客观。"

在陪同期间，有一次交谈，陈翻译说，马克先生还是30多岁的年轻记者时，就采访报道了1955年万隆国际亚非会议，当新中国总理周恩来在会议上发布中国外交关系和平共处五项原则时，引起与会国家一致赞赏与肯定，年轻记者马克·吕布会后采访了周总理。总理用法语与之交谈，自信而风趣的周总理说，年

::1989年10月马克·吕布第二次来黄山，采风期间与安徽的摄影家陆开蒂(左一)、凌军(右三)和美术家王涛(左二)等人在一起合影留念（图片由凌军提供）/右上

::马克·吕布赠送给我的小礼物（签名小照片背面）/右下

轻的新中国正百业待兴，正进行第一个五年计划，有很多困难和问题，但中国人民在中国共产党的领导下会战胜这些困难，以实现国家经济的发展。周总理邀请马克先生多来中国，多走走多看看，多从正面客观地报道中国的社会主义事业。

在我们这次交谈中，马克先生为自己已10多次来中国，成为中国人民的老朋友而深感自豪；他还兴奋地告诉我他在中国的秘密，说周恩来夫人邓颖超曾亲自下厨房为他包饺子吃！

我第二次与马克·吕布先生相处好像是在1999年的春天，是在黄山风景区偶遇的，这一次我们共同摄影创作了好几天。

这次是偶遇，也是缘分。马克·吕布先生直接从杭州方向被专车送来黄山，而我正好也在黄山驻地创作几天。有天下午，在北海宾馆前台，看到一位身材高大、一头白发的老先生，用很重的鼻腔音说着法语，虽然我不懂法语，但从他的神情与语气，看得出他受到了很大的委屈。我一看这不是马克老先生吗，便主动上前打招呼并了解情况。原来他在始信峰上，遇到一位解放军战士正扶着一位颇有身份的夫人，十分小心地步下石阶，以记者的职业敏感，马克·吕布先生认为这是中国解放军战士在做好事……这个画面难得，他立即拍下这一瞬间。可此时，这位小战士不高兴了，这个白毛老外竟然没有征得他同意，偷拍了他扶老夫人的镜头，于是他一个箭步冲到马克先生的身前，强行夺去他手中相机，曝光了他的胶卷，老先生惊吓坏了，跑回宾馆找来翻译，尽情述说他的委屈。事后，我去找那位战士，可未找到，只能息事宁人，请老先生消消气了。后来马克·吕布先生问我，如果你遇到今天的情况，你作何处理？我立即告诉他：我不拍！因为我会看出那位战士搀扶的女士是位首长的太太。他笑了起来说："我怎么没看出来呢？"

在之后跟随马克·吕布先生的几天里，我体验了大师拍摄黄山的风采，亲身感受大师艺术气场，也学习他一些拍摄经验……

黄山晚春的四五月，可谓阴雨绵绵，风雨交加，一连数天，我与马克·吕布先生，一直守在风雨中静候奇景的出现。天气湿度大，能见度差，气温又低，一般摄影家受不了这样天气的折磨。可是马克·吕布先生的防水衣里仍旧是那台徕卡相机，始终处于战斗状态，他不时地瞄瞄镜头，又一边感受天气的变化。

又有一天下午，他看我不太耐烦地来回走动时，他让翻译对我说：黄山是锁在云雾中的一位美丽的少女，拍摄她的人要像追寻梦中情人一样，要真心地追求她，用真情去打动她，不断地用温情感动她！她能感受到你是用真心爱慕她时，少女的心扉可能被你打动，她会拨开那层面纱，或者从雨雾中走到你的面前——啊，黄山，美丽的黄山，就会出现在你的面前！多好的比拟！一位职业摄影家，又是富有经验的摄影大师的风趣教诲，真让我受益匪浅，终身难忘！

我还看到马克先生发了一次火。那是几天之后，马克先生要提前下山了，那天我们一起用完晚餐，我陪同老先生出宾馆去观看暮色中的黄山风景。可来到宾馆总台前，马克·吕布在总台服务台前发现了什么，突然激动地大声叫嚷起来，后来又要让服务员将宾馆负责人叫来……原来是马克·吕布先生的法式浪漫在黄山"呛"到水了，老先生大为光火与不解！

那年，已是70来岁的马克·吕布先生有了一位不到30岁的年轻漂亮颇有气质的女朋友。因为怀孕，这位女友不能陪他同来中国。因此，热恋中的老马克每天都要邮寄一张明信片，上面写上许多段情话，用他的话说是"以我的爱，时时刻刻地抚慰我的爱人……"在黄山五天里，他白天守在雨里雾中不辞辛苦地拍照，晚上他还要用心去安抚他的爱人，给她写一张明信片。可是，结束了黄山工作准备下山的马克·吕布先生，突然在宾馆的总服务台的办公桌上，赫然发现他五天里写下的寄往法国巴黎的五张明信片（一张也没送去山下邮局）！爆了，火了，一头银白卷发的老人，怒发冲冠，我怎么用我的爱去安抚我的爱人呢！不可思议！只见他，面对满脸痛苦再三道歉的宾馆经理，挥动着超过头顶的拳头，真的像疯了一样，急得翻译官两边调停。老马克还抱着我的肩膀，不停地痛苦地摇头……

马克·吕布先生的长辞，我是一年后才得知的，我们相差整20岁，也算是忘年交吧。他先后赠与我两幅黑白作品，一幅是在中央的某次会议上的周恩来，身体欠佳的总理，困倦的面容仍见他坚定自信的目光，炯炯有神。他请翻译对我说他如何取景，尤其是强调总理身后物景线条的节奏感，这幅作品的确不可多得，让你过目不忘，总理的形象永远深深地刻在脑海中。另一幅是1999年在黄山雨雾中，他用徕卡超广角拍摄的"美丽少女／黄山"的风光佳作的明信片。两幅都有马克·吕布的亲笔签名。这两幅佳作本应提供给出版社，可我怎么也没找到（因为搬家）。

此次应出版社特邀，回忆起马克·吕布先生与我相遇相知成为影友与忘年交的经历，至今难忘，他是一位我永远敬重的前辈与老师，他的英容也永远被铭记在我心中！

凌军于安徽合肥

2023年9月20日

镜头中的世界

刘香成

法国知识分子对于中国的青睐可以追溯到启蒙运动时期的伏尔泰，他在儒家思想中找到了他所追崇的一种哲学理念，从而以此反思欧洲文明。到了20世纪六七十年代，在法国"红五月"和美国越战的反战运动的影响下，这种对于东方的向往愈演愈烈，不少西方左翼青年将对消费主义的不满和对理想社会的构想投射到了这片乌托邦似的大陆，"去中国"被视为进步的象征，马克·吕布也是其中的一员。

在真正结识马克·吕布前，我先认识了他镜头中的世界。在纽约现代艺术博物馆（MoMA）边的一个小书店，我无意间翻到他的影集《中国的三面红旗》。这本影集对我触动很大，一方面让我感受到了纪实摄影背后的力量，另一方面，他所拍摄的当时中国的题材，大幅的红旗、工农兵、少先队……这些与我童年在福州的生活经历产生了强烈的共鸣，很大程度上也促使了我回到中国。

1981年，我已回到中国。那天是我三十岁生日，不少驻京的外国记者朋友来到我家一起为我庆祝，法新社的查理·安东尼·狄内迦（Charles Antoine de Nerciat）带了马克·吕布一道前来，那是我们的第一次见面。后来我有次前往法国的圣保罗德旺斯（Saint-Paul de Vence），在梅格基金会美术馆（Fondation Maeght）与马克和他的非裔夫人芭芭拉·蔡斯·吕布，还有他们一对可爱的混血孩子大卫和亚历克斯巧遇。在他熟悉的南法艳阳下，我们谈论艺术，谈论各自的童年，谈论他的老师亨利·卡蒂埃-布列松以及玛格南图片社，我开始理解他照片背后法国人独有的浪漫主义和布尔乔亚底色。

:: 1987年，北京。（图片由刘香成提供）/右

马克很多广为流传的作品，譬如《埃菲尔铁塔上的油漆工》，或者《士兵前持花的女孩》，都充分体现了这样的摄影美学和他的价值观。他批判西方，但却用极其友善、温和的画面去赞美东方的和谐之美。他曾经说："我热爱东方，远远超过成长的家乡。我们总是被相反的、不同的东西所吸引。"但他一直没有学习中文，让自己保持着与拍摄对象的疏离感，也许只有这样，他才能像伏尔泰那样对中国保持着凝望和探寻。

无论马克还是我，我们和布列松一样，当时在中国的主要工作都是报社、杂志指派的报道任务。布列松最早来到中国，作为《生活》杂志的签约摄影师，他记录了新中国成立前后的大量影像，但他不满足于只是"做新闻"，往往在拍摄常规项目的同时，还获得了远超寻常摄影报道的影像。他更关心普通人的生活质量，加之策展人的催化作用，1947年他在纽约现代艺术博物馆举办个展，逐渐将自己的身份转变为"艺术摄影家"。时任纽约现代艺术博物馆摄影部主任的约翰·萨考夫斯基（John Szarkowski）向观众介绍时这么描述布列松："卡蒂埃-布列松不是一个报道摄影记者，他是一位摄影哲学家。[1]"受他的影响，马克与我，乃至不少后辈摄影师都沿袭了这种对宏大叙事下细微日常的关注，跳出"以摄影为手段报道新闻的人"的身份桎梏，从而转向"以摄影为手段做艺术的人"。

马克·吕布与我拍摄的题材多有重合，虽然我们的立场与视角不同，但我们都希望通过摄影来讲述时代的故事，搭建起联结东西方交流的桥梁。马克·吕布人文主义的摄影观念启发了一批在中国从事摄影的专业人士和摄影爱好者，对中国的纪实摄影有着深远的影响。

谨以此文纪念马克·吕布。

---

[1] 周邓燕：《报道摄影的艺术之名：重读亨利·卡蒂埃-布列松的"决定性瞬间"》，《艺术学研究》，2022年第6期。转引自 Claude Cookman, "Henri Cartier-Bresson Reinterprets His Career", History of Photography 32, no.1 (2008): 64. John Szarkowski, Wall Label for Cartier Bresson: Recent Photographs(June 25 - September 2,1968). Original in photographic department, Museum of Modern Art, New York.

马克·吕布二三事

罗永进

我早就在不同场合见过马克的作品，但记住他的名字是在1996年，北京的汉斯发来他参与策划的马克在中国美术馆的展览的邀请，邀请函上的"照相馆里的父子"让我心颤。得见真身是在2001年平遥摄影节上，法方发起人、他的外甥阿兰介绍我们相见。在平遥，马克是焦点人物，不是处于"长枪短炮"包围之中，就是在名人政要簇拥之下，我和他没有什么独处机会，倒是常和他外甥阿兰、儿子李德、助手朱利奥混在一起。其实马克是个低调的人，看淡名誉。有个机构给他颁发了终身成就奖，奖杯是一尊水晶鼎，回到自己房间后他环顾左右问谁想要，大家面面相觑，未置可否，后来也不知如何处理的。他很少对作品提意见，不喜欢的不露声色，甚至顾左右而言他，喜欢的会认真看，将中意的挑选出来，但很少给出理由和评价，更没有居高临下的说教。有个家喻户晓的公众人物，在酒宴之后踌躇满志地抱着自己的大画册问计于马克，马克翻看如仪，但面对对方的询问和期待的目光只回以外交辞令般的应付，谈笑风生中化解了话不投机的尴尬。

第一届平遥摄影节后，马克每年都会来上海，我由于会几句英语，有幸加入他的带路党。他终身摄影，经历过无数次险象环生的情境，练就一身金蝉脱壳的硬功夫。他喜欢犄角旮旯不为人瞩目的环境，选择超常的视角，拍摄时易引起"眼睛雪亮"的群众的警觉，他总能在我还束手无策时化险为夷。一次在南京路拍照，他突然拐进一条小巷，等我跟进去，他身边正聚起一帮狐疑的老人，个别已开始发问，但他跟没听见一样（当然他也听不懂连我都整不明白的上海话），他面无表情，若无其事地继续东拍西拍，我分明看到他还把镜头转向这些诘问的人，在人群反应过来前他已转身撤退，在人们高一声低一声的追问声中迈着优雅大步汇入南京路的滚滚人流。另一次我有课，安排学生小蔡代班一天，课间接到小蔡电话，焦急地问我，马克被人群围住了，声称要报警，如何是好，我告诉他别急，假装不认识这人，远远瞄着，他自有脱身之法。结果不出所料，小蔡再来电话说已成功突围。

他常用的是挂脖子上的配35毫米镜头的徕卡相机，破旧挎包里是几只镜头和一台带长变焦镜头的佳能相机。可能为方便使用，镜头都没带盖，只用几张麂皮随机包裹。休息时他偶尔拉出块麂皮擦擦镜头，拍摄中则只用衣襟随意抹抹，全无我们对待相机的认真呵护。包里的胶卷都已去掉包装盒，有感光度100和400两种。随年龄增大，后来又出现了感光度3200，这时已能明显看到年老力衰的他拍照时手的抖动。为增强稳定性，曾见他将相机架在助手朱利奥的肩上、头上。

在上海，马克喜住和平饭店、上海大厦之类的老资本主义情调酒店，他眼观六路，对这里的一砖一瓦了如指掌，会指着过道边带透明图案的玻璃说，这种工艺早已停产，在法国都难得一见。他对吃的不讲究，吃的都是酒店西点，在外拍照只求果腹，我们光顾过不少南京路附近业已消失的大馄饨、面条店之类店铺，洋人很难对付这种连汤带水的东西，老先生总是慢条斯理地生怕弄脏桌面，能灵活操弄相机的巧手却难控制筷子将美食精准送到嘴里，常弄得满嘴满脸，他会用冒充餐巾纸的卷纸擦拭，岂料这伪劣的纸一触即溃，粘在胡茬上随风飞舞。

马克对走路很当回事，曾跟我说成为好摄影师的关键是必须有双合适的鞋。我们出去拍照基本靠腿，有一次拍了一上午，下午要去法租界一个老别墅参加活动，我在地图上定出大致方位，看看有点距离，但途中路过热闹非凡的襄阳路市场，也许会有可拍的东西，我们两人选择步行，不料市场已拆迁，过去充满人间烟火气的老街道已整治得一尘不染，没得可拍，路途立马变得枯燥乏味，我道路不熟又走错了两个路口，老先生面露疲态，不时望向我，当我再说下一路口就到时，他表情夸张地蹦出一句，再不到我杀了你，还随手做了个抹脖子的手势。

我们坐车的经历不多，即使在车上他也机不离手，四处观察，时不时出手拍照，他的上海画册里录入的大眼睛广告牌就是在出租车上拍就。

他有个心愿，要再见1973年拍过的上海舞蹈学校的"青年演员"，那张照片在摄影圈无人不知无人不晓，老先生对照片中人也十分牵挂，叮嘱一定要会会此人。我找到顾铮，顾铮再找朋友，朋友再找朋友，千呼万唤始出来，青年演员现为芭蕾舞学校教师，但她老伴刚去世不便相见。一年后马克再来，旧事重提，经顾铮再次斡旋，约好相会，大家都很期待，马克为这事专门从法国带来一张当年放大的原版照片作为礼物。我为能留住久别重逢的感人瞬间，特意给能自动对焦过片的柯尼卡巧思相机装上高速胶卷。晚上来到舞蹈学校，路窄灯昏，老房子室内也不明亮，相见时马克有几分踌躇，显出克制的激动，但对方像见到陌生人般只作礼节性寒暄。经过几十年风风雨雨世间变故，她已不似当年风采，一身普通市民装束，被问到当年情景，她只记得在开会时有外宾到访，没特别留意被拍下来。这倒反证那时马克已深谙遁形隐身之术了。对马克她明显一无所知，对那张名作也不甚了了，接到马克郑重呈上的杰作并没表露出众人期待的喜悦和感激，团聚变成了礼节性拜访。不管怎样，我们还是见证了历史并全程拍照留存。回家后我第一时间冲出胶卷，仔细观看却傻了眼，所有照片都是虚的，排查下来应是巧思自动聚焦出了故障。这再次应了那句话，理想很丰满，现实很骨感。

后来马克身体每况愈下，直至不能出行，我曾借去法国参加活动之机到他家探望，可惜那时他已卧床多日，无法会客，错过再见一面的机会。

马克走了，留给我几枚剥了皮的胶卷！

我见到的马克·吕布

钱明

2004年7月中旬,时任浙江摄影出版社摄影编辑中心主任的我受邀去山西晋城,参加了人民摄影报社主办的摄影"金镜头"颁奖典礼活动。参加颁奖典礼的有来自法国的著名摄影师马克·吕布和阿兰·朱利安,以及海内外200余名摄影师。

活动的第二天,在晋城某山村采风活动时,我凑巧和马克·吕布在一个拍摄小组,当时我对马克·吕布说:我们为你出版一本你在中国拍摄的摄影集。马克·吕布很牛气地回答我:我的画册是法国政府给我出的。我回他说:我们浙江摄影出版社不是我个人的,是国家的出版社,也可以代表国家。他一愣……遗憾的是,出版画册一事最终未能如愿。

在山村的采风活动现场,我发现马克·吕布对那些跟随在他身边的当地小孩颇感兴趣,他微笑着和小朋友们打招呼,频频地将镜头对准了他们。受感染的我也同样将镜头对准了马克·吕布,拍下了他平易近人的笑容和专注摄影的范儿。

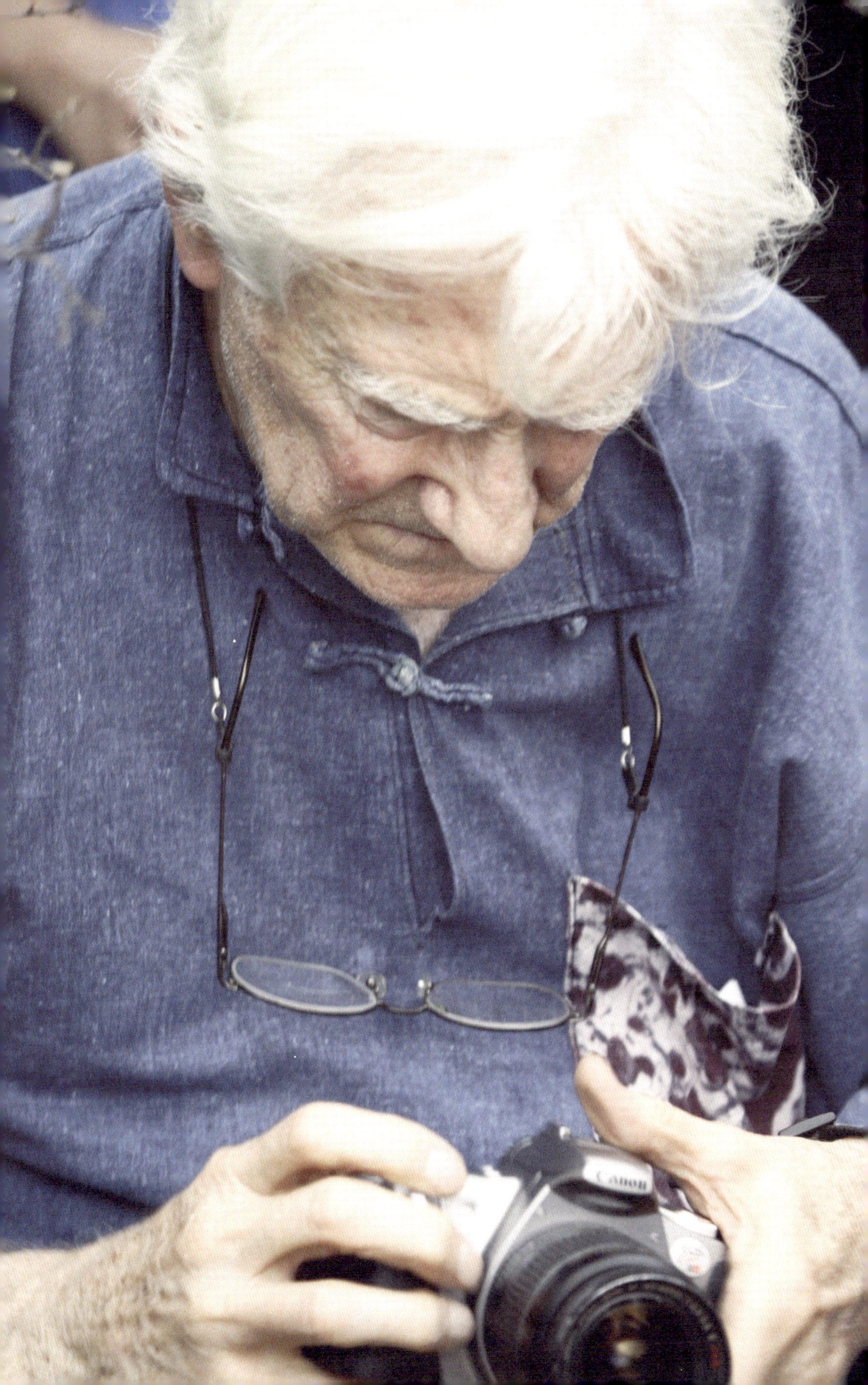
Canon

马克·吕布和十号大院

任锡海

2001年9月，我拍摄的图片故事《十号大院》入选"首届平遥国际摄影节"，被安排在"华北镖局"展出。

布展时，我发现"华北镖局"离中心展区——"县衙"有些远，挺偏僻的，且展区是一段衔接前后院的过道。斑驳的青砖墙，仅一人高的顶棚和隐晦的采光让我被一层阴影笼罩——后悔没有提前和组委会提要求。

开幕式在"县衙"举行，我看到周边宽敞明亮的几个大展厅，羡慕之后的担忧便涌上心头。我不待开幕式结束，就急急赶回"华北镖局"，忧心忡忡地期待观众的到来。

如我所料，陆续到访的观众不多，更别说国内外

:: 在"华北镖局"西侧一家小店里拍照的马克·吕布 /左

:: 在平遥"华北镖局"过道里的《十号大院》摄影展 /右

:: 在《十号大院》摄影展现场拍摄的马克·吕布 /左
:: 向马克·吕布先生介绍《十号大院》/右

摄影名家了。

第二天，依然如此。希望得到名家指导和品评的我有些焦虑了。

第三天，"外甥打灯笼——照旧"。

傍晚，忧郁的我站在"华北镖局"门口，东张西望，祈求能发现哪怕一位摄影名家的身影。

就在我感到无望时，突然发现"镖局"西端路口站着一位戴着帽子的白发老人——我觉得他曾出现在开幕式的主席台上，有点像法国著名摄影家马克·吕布——我喜出望外，并期盼他能过来，进"华北镖局"看一眼我的《十号大院》。可是，他似乎没有来这边的意思，而是踱步走进一家小店。我想过去和他打招呼，可曾听人说马克·吕布拍照时很反感别人打

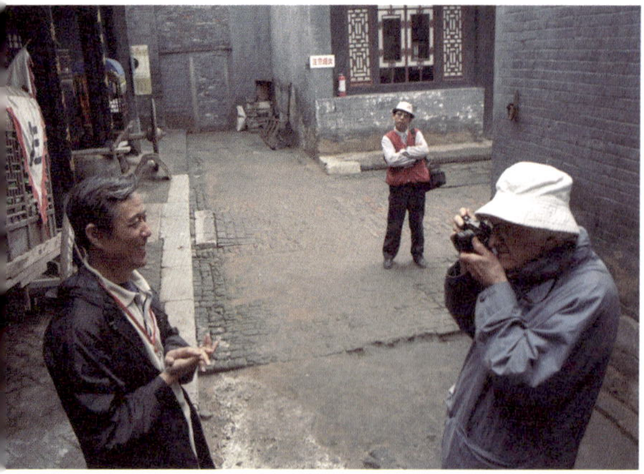
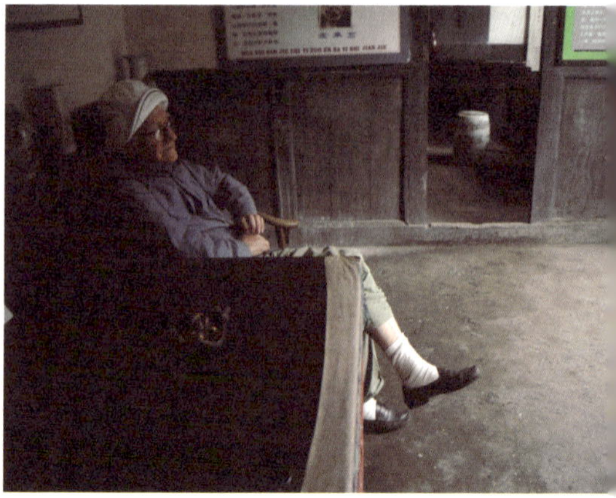
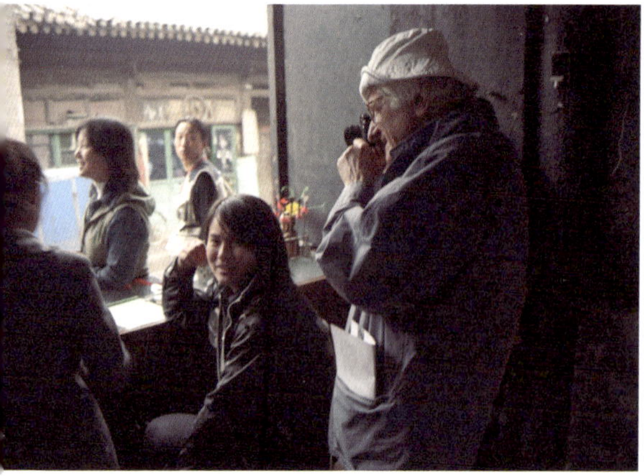
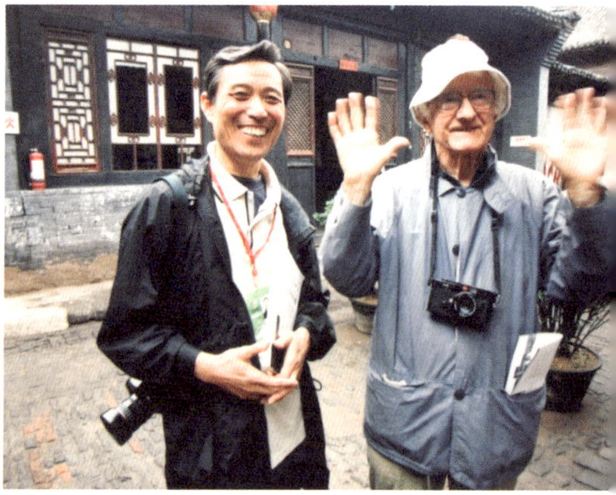
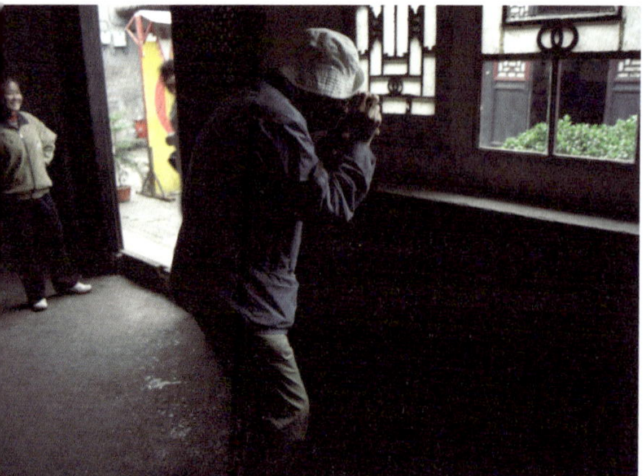
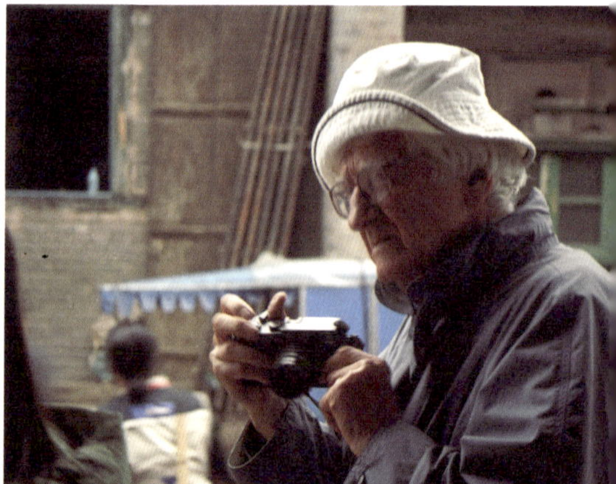

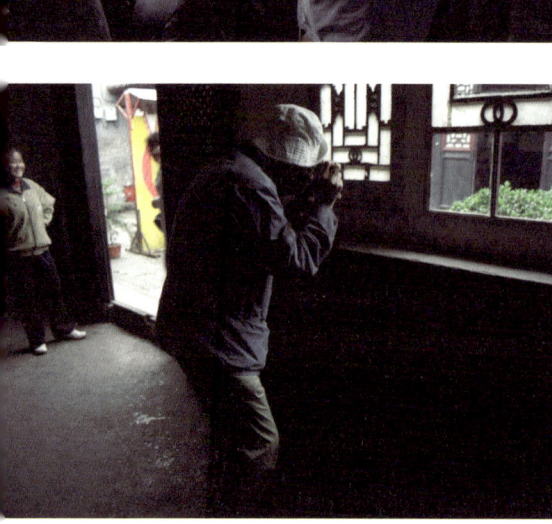

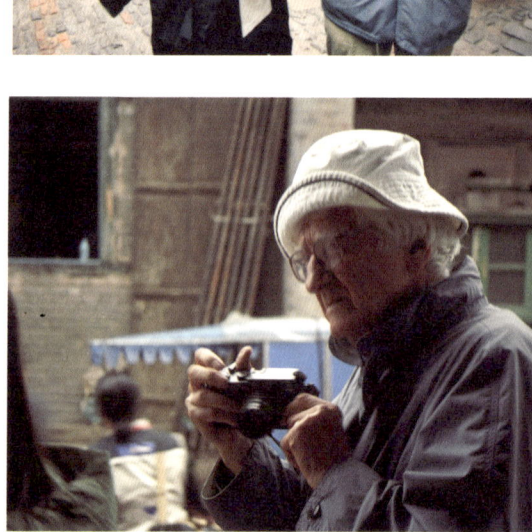

扰，故又驻足不前——我不知所措，处于纠结和焦虑中。终于，渴望得到专家评判指教的我战胜了自己，毅然快步走向马克·吕布所在的那家小店。

在窗外拍了两三张马克·吕布的照片后，见马克·吕布先生走向店门，我便迎上前去，说："打扰了。您是马克·吕布先生吗？"待他点头回应后，我便急切地说，我来自山东青岛，镖局那里有我的摄影展，有40幅关于一座具有百年历史的十号大院里的平民生活照片，您能过去看看吗？见马克·吕布先生听懂了我的介绍，并点头应允，我就激动地带着他走进"华北镖局"，在微弱的光线下观看《十号大院》。

我用近年来自学的那点英语向马克·吕布先生逐一介绍展出的照片。见他有兴趣，心情便放松了许多，胆子也大了起来，介绍的话语就多了。其间，马克先生不时地发问，如青岛在哪里，你的父母是什么年代到青岛的，你是如何学习摄影的，甚至还问到我有几个孩子。

看完照片后，马克·吕布先生和我边走边聊，在"镖局"转了转。幸运的是，在场的一位姑娘主动把我手中的佳能EOS10相机接过去，将我和马克·吕布先生交流的这段珍贵而美好的时光一一记录了下来——令我至今不能释怀的是：处于激动和亢奋中的我，没有将这位可爱又可敬的姑娘的芳名记下。

马克·吕布在镖局门口拍了几张照片后，示意我

:: 马克·吕布先生在"华北镖局"的院子里为我拍照 /左上
:: 我在"华北镖局"厢房里为马克·吕布先生拍摄的照片 /右上
:: 在平遥"华北镖局"拍照的马克·吕布先生 /左中
:: 和马克·吕布先生在"华北镖局"外交谈 /右中
:: 在镖局门口拍照的马克 /左下
:: 拍照的马克 /右下

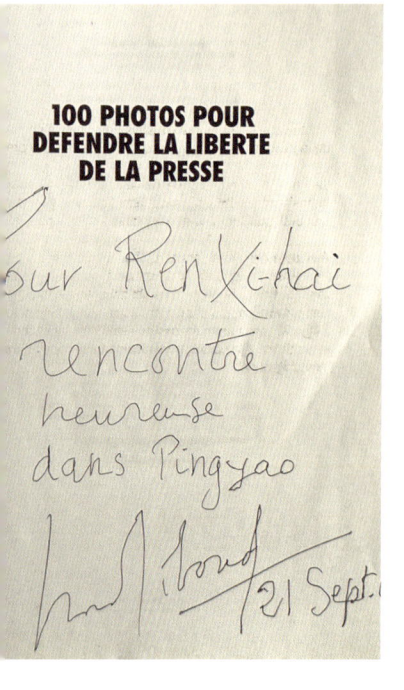

马克·吕布百年诞辰纪念文集 ▶ 104

:: 马克·吕布先生在赠我的书上签名 /左上

:: 马克·吕布先生的赠书 /右上

:: 马克·吕布先生赠书的签字 /左下

:: 马克·吕布先生向克里斯蒂安介绍《十号大院》摄影展 /右下

随他一起走。拐了几个弯，我们来到他所住的旅馆。进入他的房间后，马克·吕布拿出一本摄影集，让我把名字写在一张纸上，然后对照着签在那本摄影集上。递给我后，他走到庭院的中间，坐在石凳上与一位干练的摄影家——事后方知是法国Vu图片社的总监克里斯蒂安先生——交谈了起来。过了不多时，克里斯蒂安先生回到屋子里，再出门时，已经是四五个人了。

其中的一位中国小伙子向我走来，说摄影家们要去看你的摄影展，你带路，好吧。

我们快步来到"华北镖局"，我再一次讲述关于《十号大院》的故事和拍摄历程。摄影家们则不时地提问，也不时地相互交流。一位自称不是摄影家的女士向我介绍对面那位高个子女士，说她就是布列松的夫人马丁·弗兰克——著名的玛格南摄影师。我一听更加激动了。我们互致问候，我还请她代向布列松先生致以敬意。

天色更暗了，展区的几盏不太亮的电灯泡也亮了起来。在兴奋中我们分手。

我借公用电话把刚才见到了马克·吕布等人的好消息告诉家人，然后带着一天的疲惫和突来的兴奋回到旅馆。

第二天一大早，便有许多观众和摄影家来到"华北镖局"。熙熙攘攘的参观者将那小过道挤得满满

的。我忙着给来者分发介绍《十号大院》的折页，回答人们的问话。美国著名摄影家雅各布森也来了，法国Oeil杂志社的记者也来了——我沉浸在喜悦和兴奋中。

　　中午，回旅馆吃饭时，几位外地摄影家迎上来说，在上午的"大师班"上，导师雅各布森反复提到《十号大院》，说这是一个非常棒的展览，我们都去看了，祝贺您。还说"因为能和你住在同一个旅馆，我们都非常骄傲"。

　　摄影节结束后，我收到曾陪同国外摄影家活动的刘昕女士的来信。她说："法国国家摄影中心主任及蓬皮杜摄影中心主任均称对三个展览印象深刻，一个是《家谱》，一个是《傩》，另一个就是你的《十号

:: 2003年9月26日阿兰在"十号大院"我家中拍的一张照片 /左

:: 马丁·弗兰克和克里斯蒂安等观看《十号大院》作品 /右

马克·吕布和十号大院 ▶ 107

::在《十号大院》展场与克里斯蒂安、马丁·弗兰克等人合影 /左
::2002年9月在平遥街头与马克·吕布先生合影 /右

大院》。因为作品内容集中，画面生动而富有生活气息，极富个人色彩。他们对你母亲的形象记忆深刻，特别提到她捧着奖杯时的神情。另外，在回京途中与法国Vu图片社总监克里斯蒂安聊到你的展览，他也很欣赏，认为这是一些贴近心灵的作品，是可以做一辈子的题材……"

因马克·吕布先生的瞩目，《十号大院》不但在"首届平遥国际摄影节"获得好评，而且有了后续的"联系人"——摄影节的欧洲代表、马克·吕布的外甥阿兰·朱利安。

2003年，阿兰组织了一次中法摄影家交流活动，邀我在内的三位山东摄影家去法国。不曾想，青岛市外宣办的一位领导称"文化馆没有钱"，让报社的一

同法国阿尔勒摄影中心主任及蓬皮杜摄影中心主任较多。他们俩人均称对三了展览印象深刻，一个是张潜，一个是隹，另一个就是您的展览。因为作品内容集中画面主动而富有生活气息，极富个人色彩。他们对您母亲的形象记忆深刻，特别提到她捧着您的奖杯时的神情。另外在回家途中与法国Vu图片社总裁Christian聊起您的展览，他也很欣赏，认为那是一些"贴近心灵"的作品，是可以做一辈子的题材，

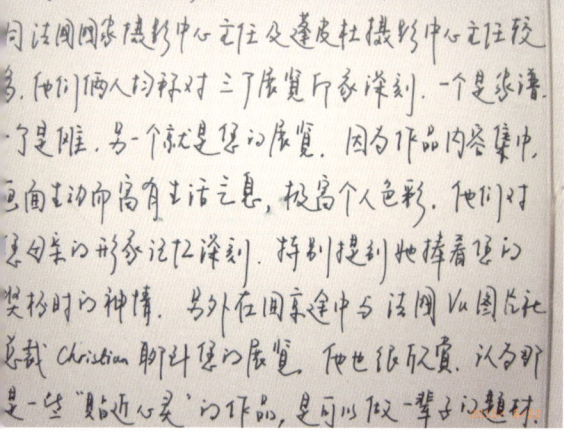

位记者去了。这让阿兰非常愤怒，9月来青岛时，他急着要见那位领导，要问为什么——外国人的"一根筋"在阿兰身上得到了实证。离开青岛时，无奈的阿兰以斩钉截铁的口气向在场的人说："任一定会到法国去的，《十号大院》一定会在欧洲展出的。"

阿兰说话算数，2008年6月《十号大院》在法国文化部举办的"梦想中国 现实中国"摄影展中得以呈现，我也应邀去巴黎参加了开幕式和研讨会。

2003年，阿兰夫妇来青岛时，同行的还有马克·吕布的小儿子。说起他父亲一代摄影家的往事，他说："我爸爸他们是用50mm的镜头拍照的，而不是一些媒体中说的用35mm镜头。"

他还让我看挂在脖子上的"爸爸送的"一台挺老旧的"宾得"135单反相机——果然是50mm镜头。

对此，我想了很多。

任锡海

2023年9月10日

::2003年9月28日阿兰在青岛 /左上

::2003年9月28日马克·吕布的儿子在"波螺油子"遗址拍照 /右上

::2003年9月26日阿兰和妻子魏淑仪及马克·吕布的儿子到访"十号大院" /左中

::2009年9月28日阿兰和夫人在青岛与我谈起《十号大院》出版事宜 /右中

::刘昕谈及《十号大院》的来信 /左下

::2009年9月29日阿兰在青岛 /右下

回忆法国摄影大师马克·吕布

司墨

火车"靠岸了"

2002年12月21日15点47分,搭乘一个半小时的TGV高速列车之后,我从第戎来到巴黎的里昂车站。面对这个熟悉又陌生的城市,我一点也想象不出将会发生什么。一张张模糊的面孔从身边掠过,拖着小红箱子穿过人群的我,眯着眼睛只顾着寻找来接站的李德(法国摄影师马克·吕布的儿子Théo Riboud)。

他在站台的尽头,两只手插着裤兜。因为很长时间没见面,直到走得很近,我们才互相确认,挥了挥手。他一点也没变,蓬松的卷发让他的头看起来很大,蓝灰色的眼睛清澈又狡黠。他用法语问我:"怎么样?"我说:"棒极了!"我们都笑着,但一时不知再说什么好。

他熟练地在乱糟糟的车站里转来转去,我跟在后面。心里庆幸,如果他不来接我,还真不知该怎么办好。我们登上一趟公交车,他要帮我买票,但我还是坚持自己付钱。不过听说1.5欧元一张,心还是疼了一下。那时我刚到法国,还没适应那里的物价。

我们并肩坐定,才想出话题。说了一些我在第戎生活的情况,谈了一下在巴黎的行程打算。这时水波粼粼的塞纳河突然展现在眼前,我一点心理准备也没有,可有趣的经历就这样不由分说地开始了。

:: 马克·吕布的儿子李德（Théo Riboud），2003年，司墨摄 / 上

马克的家

李德说，他父母家在巴黎一个很棒的区，也是巴黎比较古老的区之一，夹在卢森堡公园和塞纳河中间，步行十几分钟就是巴黎圣母院和卢浮宫。不过我一时还对这堆如雷贯耳的名称没有感性的理解。夜幕慢慢降临，车窗外一片灯红酒绿。

和法国所有其他城市一样，古老街区的马路并不很宽，人行道更狭窄，两人不能并行。一不小心还会撞到人行道和车道之间的"护栏"（实际是为阻止人们乱停车而安置的小铁桩）。街两旁紧凑地排着四五层的小楼房。奇怪的是，这样一个大城市的中心竟然一点也不喧闹。这样的小街上，更觉清静。我们上了两个坡，又拐了几个弯儿，就到了。

谁能想到，三年后我在离马克·吕布家很近的法中之家上班。而且十几年间我和同事常来这里的餐馆吃饭，这就是缘分吧。

推开一扇高大厚重的深绿色大门，是个短短的走廊，一眼就可以看到里面那简单幽静的小院。右手是楼道透明玻璃门，从门边的两排门铃可以看出，这里一共住着五六户人家。

一进楼道，就可以感觉到浓郁的异国古典风情。一道宽敞典雅的木旋梯柔和地躺在脚下，因为年代久远稍有些倾斜。踩着柔软的地毯慢慢上升，好像走进历史时空。

爬到第三层，正中间有一扇同样高大厚重的深蓝色大门，门右边有面明澈的大镜子。李德说他爸爸出去了，但妈妈在家。他用钥匙打开门,一边推开一边叫:"妈妈——我们到了。"

一个粗老的声音在远远的深处回答了一声。我正在奇怪为什么李德妈妈声音这样粗重,李德说:"啊,原来是爸爸在家。"进门没几步,马克·吕布就迎了出来。他看见我一下张开双臂,乐呵呵地说:"来,法国式的见面礼!"然后狠狠在我左右脸亲了两口。"你还好吗?生活还适应吗?我和你爸爸很熟。啊,看你漂亮的小眼睛,所有法国人都喜欢你这样的眼睛……"他满脸红光,头发像正在燃烧的白色火焰。我也不知说什么好,一边答应着,一边不由自主地看李德,希望他能帮我。可李德也只是笑着不说话。

紧接着,马克兴奋地拉着我一个房间一个房间地参观他家:"这是一个小走廊。"走廊墙上贴着家庭照片。这时我看见了马克的小女儿,马克向我介绍:"这是克里芒丝。"然后马克、李德和克里芒丝一起给我讲解照片中的人物和情节。有李德和克里芒丝小时候去游泳的,有在郊外别墅前的。马克指着照片上一个拿着大叹号路标牌的女子说:"这就是我的第二个妻子凯瑟琳,也就是李德和克里芒丝的妈妈。"那些照片都很有生活气息,可以强烈地感觉到照片中的空气和时间。马克说:"这个是李德原来的房间。"我们走进一个有两扇窗户的大房间。"原来墙壁上贴满了图片海报！不过现在李德搬到其他地方住了。"马克一边说一边用双臂比画着。马克继续介绍："啊，这个房间是克里芒丝的。"

这个房间不大，只有一扇窗户，不过温馨可爱。左手边墙前边的五斗橱上靠着一幅风格天真的风景画，像是刚刚拿来的。墙中间有个小的假壁炉，上面一扇大镜子，右手边是张舒服的小床以及写字台。"现在这是你的房间啦。"马克看着我说。"这是厨房，后面是洗澡间，"马克还特地钻到洗澡间里给我演示怎样打开冷热水，"所有这些，你都会慢慢自己搞懂。""自己搞懂"这个法语词我从没学过，马克发现我一脸迷茫，就一字一句慢慢地说："自己搞懂，就是自己发现，自己弄明白，自己学会。"我这下明白了，磕磕巴巴地说："我会自己搞懂。"马克调皮地指着我笑："瞧，你自己搞懂了！"

我们折回客厅。这时我才看清客厅，四周摆着从全世界收来的小玩意儿——尤其是从中国带来的东西，这让我感到很亲切，终于在异国他乡感受到中国的气息。在这里，你会发现马克对光线的运用炉火纯青。整个大客厅没有一个主顶灯，而是几个小灯，打在装饰有艺术品的墙上，艺术品在这样的光线下显得更有层次，而四周墙上反射的灯光汇集起来足够整个房间的照明，亮而不刺眼，充溢又富于变化。

最后，马克带我来到他的工作间。这里和其他房间的风格迥然不同，主题是效率而不是情调。三面墙上全是一个个小格子、小抽屉。放着什么？当然是照片，几乎全是照片，按年份和地区分门别类整齐地码放。另一面墙有两扇大窗户，房间中间是很大的办公桌，桌上也放满了照片。"你知道，"马克说，"这套房子已经有两个半世纪历史了，所以有些倾斜。"这时我才注意到木地板果然向里倾斜。"所以我每天早上都要把房间里的东西重新码放一遍，因为它们会滑走！"幽默是马克的习惯。

所有的房间参观完以后，我把从第戎带来的礼物拿了出来。说来好笑，因为是第一次送礼给法国人，第一次到法国人家里住，更是第一次送圣诞节礼物，所以真不知送什么好。我这个穷学生，经过绞尽脑汁的思考后，最后买了两大条包装精美的芥末（第戎特产），一条送马克，一条送阿兰·朱利安（Alain Jullien）。直到马克打开包装的前一刻，我都提心吊胆，不知会是什么效果。还好，不知马克是真喜欢，还是善于表现自己的热情，他高兴地说："是芥末！第戎的芥末！"我终于松了一口气。因为比较了解李德，所以给他的礼物恰到好处——一盘电子音乐CD，我在FNAC挑了一上午才找到它。李德乐得合不上嘴。

马克家的大门

"走出去"是法国人所信奉的生活要素。所以尽管已经不早了，我和李德还是决定出去遛遛，而且晚上在李德的老师家还有个小聚会。凌晨一点多，聚

:: 马克家中的办公室。从左至右：父亲司苏实，马克·吕布，马克夫人凯瑟琳，我，母亲郭思。李德摄/上

会才结束。那里离李德家很近，离我住的马克家却很远。李德同学有车，可以顺路去马克家，所以决定李德回他家，把钥匙给我，那个同学送我回马克家。

凌晨两点，我独自站在马克·吕布家大门口，摸索着怎样打开第一道大门。

先输入一遍密码，门没反应，才想起还要按一个按钮。再输入一遍密码，按了按钮，使劲推门，还是推不动。一回头发现过路的人疑惑地看了我一眼。经过仔细研究，我发现还有一个极不显眼的按钮，又输入一遍密码，门终于开了。

站在第二道门前，战战兢兢把钥匙插进去，右拧，不行，左拧，开了。兴高采烈上楼。

上到一半傻眼了，我记不清马克家是几楼了，只记得一个很大很厚重的蓝色门，可是每层都有这样一个门。灵机一动，用钥匙试呗，能打开的就是。从二楼开始试，嗯，捅不进去，不是的。我做贼一般蹑手蹑脚上到三层，哎，可以捅进去，而且可以转动。可是左转到头，拧不动，右转到头，还是拧不动。可能不是这层吧，又爬到四楼，试不动，又回到三层。

夜静悄悄的，楼道的灯过一段时间就要按一下才会继续有光。我拿着钥匙，左拧右拧，就是不行，又不敢发出很大声响影响别人睡觉。

我再也忍不住了，拨通李德的电话："德，我是墨，你爸家在三楼是吗？""是呀，门边有大镜子的那家就是，出了什么问题？""我用钥匙打不开门！"李德一听有些慌了，说："听着，好像是往右拧，要使些劲才可以。你再试试，我过两分钟给你打电话。"我往右拧，到头以后拼命使劲，但就是拧不开。李德的电话响了："开了吗？""没有，使很大劲也没有开。""那也可能是往左拧，我也记不清了。""可是我往左拧过，也打不开。""听着，"李德真急了，"对不起，我不应该第一天，在你还不了解情况的时候，就让你一个人回家，对不起。我，我马上赶过去。"我一想那太麻烦了，就说："这样，我再试一次，不行你再来。"

这一次，真是背水一战，我使足劲拼命向左一拧，啪，门开了！门缝像裂开的大黑嘴，呵呵地笑。我愣愣地站在门口竟不知该干什么。

手机又响了，"怎么样了？开了吗？""听着——打开了。""太好了，真的十分抱歉！明天见。晚安。"

我蹑手蹑脚走进门，心里想着马克教我的那句话："我会自己搞懂。"却发现这并不那样容易，尤其在晚上。又一个问题是，我找不到自己的房间了。马克家就像迷宫，我好不容易找到走廊，硬着头皮打开一扇门，一阵轻微的鼾声传了出来，是克里芒丝的房间，于是我硬着头皮关上。又硬着头皮打开一扇门，看见了那幅天真的画和小壁炉，我的头皮一下子"软了"。终于找到了自己的房间。

瞬间

　　这天，我很晚才醒来，听见马克在门外的走廊上走来走去，踩得木地板嘎吱嘎吱响。一看表，快10点了。

　　"Good morning！"突然看到我，马克竟没反应过来我会讲法语，但随即他又想了起来。"啊，你会说法语，"他用法语对我说，"跟我来，到这里来看看。"他把我带到工作间，克里芒丝也在那里。办公桌上摆着一叠一叠的卡片，上面印着相同的照片。"这是我准备的贺年卡，你看这上面印的照片，是今年我在上海拍的。"这照片很像八十年代初照相馆师傅拍的装饰性风景照，什么东西好像都是精心摆好的。最深处是几棵树，前面有一张公园里常见的小石桌，桌上端端正正摆着一个系上口的塑料袋，袋里不知装着什么东西。这好像与马克惯有的抓拍风格不太一样，但仍可以明显感到马克照片所共有的东西——从最平常不过的生活事物中发掘充满趣味的不寻常。

　　我和克里芒丝正认真地翻看，突然听到马克叫了声："墨！"在我抬头看他的一瞬间，感到一阵强烈的闪光。随即我看到毕生难忘的画面：马克双手一上一下夹着相机紧贴在胸前（而不是举在眼前），白发向四周喷射，因为微笑而隆起的脸颊红红的，眼睛放射着奇特的光，就好像八九岁的小男孩在海滩上抓住

> 马克·吕布百年诞辰纪念文集　▶ 122

Ça te concerne bien !! bises marc

:: 马克送我的明信片。上面是他1960年在加纳拍摄的照片，车上写着"年轻真好"。马克字迹："这很适合'你'！！"/左

一只小蜥蜴。而这一切都被相机闪光的余辉笼罩着。

马克在他的相机里留下了我和克里芒丝在他办公室的那一瞬间，而我在脑海里永远留下了马克手持相机的这一瞬间。

"天真"的风景画

门铃响了，来了个好像叫西蒙的壮年男子，穿着棕色的皮夹克。马克说是他的一个朋友。也不知道他们说了些什么，但那西蒙只做了一件事，就是把我房间里那幅本来靠在五斗橱上的画钉到了墙上。而我只听懂了一句也许是开玩笑的话："这是为墨准备的。"

马克两手叠在身前，得意地欣赏着那幅画，说："你知道我很喜欢这幅油画，它很天真，你看天上那一团团的云，远处的海岸，还有下面升起的云，现实生活中不可能是这个样子。"

我仔细看这幅画。整幅画只有几种"味道"相近的颜色：白色、粉红色、粉蓝色和粉绿色。画上部是蓝蓝的天，天上堆着椭圆形的白云；中间是一片"海"，海远处的岸边是圆滚滚的小山；下面是整整齐齐一排成弧线的小野花，好像给海镶了个花边；而最下面就是马克提到的同样圆滚滚的云。所有的线条都是圆弧形，所有的颜色都纯静柔和，让我一下想起了彩色棉花糖。

不知为什么，马克突然给我介绍起他们家的谱系，说他的父母一共有七个孩子，他是第五个，他最小的妹妹就是阿兰·朱利安的妈妈。"现在兄弟姐妹们都去世了，不过我还活着！"马克边说还边看着我笑。

沙丁鱼+玉米

到了午饭时间，凯瑟琳还没回来。我们就开始准备午餐。马克打开玉米罐头，倒在一个碗里，然后让我切个西红柿，和玉米搅拌在一起，又加些不知是什么的液体状作料。然后又让我切一些沙丁鱼，同样搅拌在一起，这样就可以吃了。

马克拿盘子的时候手会发抖，但这时最好不要去帮他，和中国人的习惯不同，像所有法国老人一样，马克相信自己什么事都可以做到。他一边准备，一边说起早些年在中国的经历。"那时候北京只有很少的几辆汽车，人们用骆驼驮东西，所有人都穿着老式的服装。我很早就去了中国，却讲不了几句中文，因为那时中国人不能和外国人说一句话，就连'你好'都不能说。"

玉米和沙丁鱼吃得差不多了，马克又让我打了两个鸡蛋，我在火上把它们煎熟，和煮好的意大利面一起吃，就是第二道菜。

马克很能侃。"你知道，"马克一边吃一边一本正经地讲述，"有一次坐地铁，我脑子里在想一件事情。这时候突然一个人从我面前走过，我就不由自主去看他——因为我是摄影师，习惯用眼睛看——结果一下忘记刚才在想什么。我就转头，问坐在我旁边的人：'哎，我刚才想什么了？'那人一脸茫然。"说到这里，我俩同时哈哈大笑。

后来我翻译马克·吕布的一本访谈录《沉默者的话语》，其中讲到马克小时候不善言谈，一到需要说话的时候就会窘迫。现在想起来和我所认识的马克完全不同。我所认识的马克幽默风趣，每句话仿佛都含有哲理，让人有种豁然开朗的感觉。我管这种感觉叫"光明"。马克是我遇见的能让我看到"光明"的为数不多的人之一。

早餐时到的包裹

早餐的时候,马克对我说:"我记性不好,11点的时候不要忘了提醒我,11点半跟牙医有个约会。"突然门铃响了。凯瑟琳去了一会儿,拿了个大包裹回来。她笑眯眯地把它递到我面前让我看,竟然是摄影师吴家林从中国寄来的。凯瑟琳向马克解释了一番,马克连连点头,却没立即打开包裹。

早餐后,我正发愁去什么地方,李德又不见人影,突然听到马克叫:"墨?"

我走到门厅,看见他挺胸收腹,站在门厅中央,两手交叉放在身前,像教授讲开场白那样一本正经地说:"你能把这里的灯打开吗?"我又觉得好笑,又觉得奇怪,不知道马克打的什么主意。

我第一反应是抬头看天花板,一看没有,才想起来马克家的房间没有主顶灯。又向桌上望去,啊,看到个台灯。走近它,却找不到开关。我拽了拽台灯的电线,没有发现上面有开关,又看看台灯的灯座,还是什么也没有。有些出汗了,隐约记得马克告诉过我怎样打开这间屋子的灯,又一时想不起来开关在什么地方。但台灯上总该有开关吧,再仔细一看,台灯的最上面,灯泡后面有个小按钮。按下去,灯却没亮。我绝望地回头看马克,马克笑着,一伸手,在他身边墙上的大白片上一按，台灯亮了。马克又走到门厅和进门走廊的夹墙后面，弯下腰去，不知按了什么东西，一束光就打在门厅墙壁的印度壁挂上，整个房间亮了。

马克又示意我再按台灯上的开关，这回一按灯就灭了。我才明白原来这是一系列的连锁开关，而墙上那个大白片是这个房间的总开关。我哭笑不得地问，为什么是这样？马克摇摇头："我也不知道，这不是我安装的。不过我倒想把那个大白片用胶布封起来，以免人们一不小心碰到它，整个房间的灯就都不亮了。"

"来，到我的工作间来，我们工作。"马克一边说，一边走进办公间。"我们工作？"我有工作吗？我疑惑地跟在马克后边。

我们面对面坐下，分别在他的大办公桌两侧。马克说，首先你把台灯打开。

我先看台灯的最上边，灯泡后面，这回却没有小按钮。我顺着灯颈从上面一路摸下去，最后发现开关就在灯座上——最平常的位置。我们都笑了。马克重复了一遍我摸灯的那个动作，笑着说，这样做很好。

然后马克拿出了那个包裹。

"你把它打开。"马克说。我突然觉得好有趣，和一个法国老人面对面坐着，当着他的面打开一个来自中国的神秘包裹。

这个大包裹被胶布封得严严实实，马克递给我一个美术刀，说小心不要把手划了。我轻轻裁开，打开盒子，从里面掏出另一个同样包裹严实的盒子，只不过这个盒子是泡沫塑料的。我又沿着边小心地裁开，里面夹着两片红色的硬纸板。我再轻轻打开硬纸板……

　　这时电话响了,马克拿起电话。而我看到了这个邮件的核心内容——一张照片,一张黑白照片。

　　马克接完电话,我把照片递给他。他一边仔细看,一边说:"印得多好呀,这是卡蒂埃-布列松叫吴家林寄来的他的一个老作品。"

　　马克又拿起了他的相机,说:"我要拍一些照片,让吴家林知道,是你当着我的面打开了他的包裹。"我举着那照片,马克对着我飞快地照了几张,问我是否看到闪光,我说看到了。马克调整了一下,又照。

剪开的脖子

　　放下相机,马克又找出厚厚的一本资料给我看。里面全是吴家林寄给马克的信件,以及有关吴家林和他的新闻报道。马克说:"你知道,我保存了所有吴家林寄给我的信和我们之间的资料。就是李德的信我也没有这样保存。吴家林是布列松和我都非常欣赏的中国摄影家之一。我们关系很好,他就像我儿子一样——也许更像兄弟。或许我会写一本书,记述我和家林的故事。"

　　马克把那些信给我一一翻看。其中有一封笔迹俊朗的中文信,结尾的地方用钢笔画着一幅奇怪的画。一个小人,脖子被剪断呈锯齿状,旁边还有一把剪刀。我指着问,这是什么意思?"啊,"马克说,"这是有一次,家林写信说,他一定会应我的邀请来法国,如果他来不了,就把自己的脖子剪断。可是到了要来的时候,我却没钱给他,他也没有很多钱,结果你猜怎样?"马克一拍我的肩膀,"——他把他的照片给卖出去了!"

"好了,你要做的事是帮我发个中文传真给吴家林,就说我已经收到了他的照片,我非常非常满意,照片印得非常非常好,明天我就会把它拿给布列松的夫人。你要尽量写一些细节,比如包裹是早餐时到的,是你当着我的面,在办公间把它打开的……这是他的传真号码……"

马克突然张开嘴,指着牙。我笑了:"你没忘,可我也没有忘,现在还没到11点。"不管怎么说,马克准备好就出门看牙去了,而我留在工作间里,直到午饭后才完成了那个传真。

小眼睛

下午我到附近转了一圈,回去的时候,李德已经来了,坐在沙发上看电视。马克拿出张照片给我看,上面是一个中国女孩子,拖着长长的辫子,裹着大棉袄。我一眼看出是八十年代的打扮,说:"这是张老照片。"马克说:"不,这不是老照片,才二十年!"我心想,我一共才活了二十年。马克又把我拉到工作间,拿出张更"老"的,上面是个七十年代初的女孩。

她穿着一件白衬衫,扎着两个麻花辫,坐得很直。用马克的话说，唯一的"珠宝"是左胸前的毛主席像章；唯一的课本是端端正正摆在空荡荡桌子上的《毛主席语录》。"她很年轻不是吗？"马克说，"你看她向上挑的小眼睛，就像你的眼睛。"

她确实很漂亮，一种单纯的美丽，眼睛里满是激情和希望。周围的空气仿佛都被她滋润了，虽然是黑白照片，却洋溢着青春的绚丽。

马克从他一排排的底片册里翻出了另一张照片，是最近几年，他和那个"小姑娘"的合影。她简直是换了个人，很瘦，驼着背，头发也不是很好，最重要的，眼睛里的激情和希望荡然无存。马克说："她现在很不得意，因为她喜欢跳舞，却没有演出机会……"

后来每当我看到马克五十年代到八十年代在中国拍的照片都会感叹，他不仅记录了视觉和生活的美，还记录了那些时代，那些在人们的记忆中渐渐淡却的点点滴滴。

马克家的圣诞晚餐

马克说："我们不是个传统家庭，本来圣诞晚餐应该在平安夜24号晚上，但明天我们都有事，所以就在今天晚上了。你会看到阿莱克斯。"我一时头脑发晕："阿莱克斯是什么东西？""阿莱克斯是什么东西？"马克呵呵地笑，"阿莱克斯是我儿子！"

阿莱克斯来了，带着一束鲜花，一进门就把它送给克里芒丝，说："这是给你的。"阿莱克斯个子高高的，在法国男子中比较少见，有些黑人血统，却保留西方人的脸型，很帅气。

他们一家不停地说着，一会儿严肃，一会儿轻松，却听不大懂说些什么。我就翻看客厅里茶几上的照片画册。有马克自己拍的《黄山》、《大卢浮》（《伟大的卢浮宫》），也有一些其他摄影家的作品，比如女摄影家萨拉的。

凯瑟琳说了声"开饭了！"，我们都进入餐厅，圣诞晚餐开始了。

第一道菜，每人面前的盘子里不是美味佳肴，而是大大小小的礼物盒子，上面写着每个人的名字。惊奇的是，我的盘子里竟然也有个紫红色的盒子和一个草绿色的袋子，上面大大写着"Maud"（那时我的法语名字）。

大家纷纷开始拆盒子，整个餐厅浸透在温暖的橘黄色中。

我拆开了那个绿色袋子，里面是一支黑红两用的圆珠笔；我又迫不及待拆开那个紫红色盒子，那是件乳白色无袖高领毛衣。真的很高兴，为这一份在异国他乡的家的温暖。

李德收到的礼物是一本摄影集《香山脚下的公社》，还有他在中国买的一幅书法，凯瑟琳给它装上了镜框。李德用中文跟我说："我真的很高兴。"

阿莱克斯则收到了个背婴儿用的小兜兜，还有一张支票，阿莱克斯说："真的谢谢爸爸，这很实用。"他再仔细一看，惊道："啊，原来这支票是克里芒丝送我的！"

马克送给凯瑟琳一支点蜡烛的"大火柴",看上去像个巨大的火柴,实际上是个打火机,用它点生日蜡烛再合适不过,柄长不怕烧手。我在11月份苏戎的La foire集市上看到过同样的东西,不过型号小一些。

马克收到的礼物是个类似于杯垫(锅垫)的东西,灰色和白色的小圆片串成一串,可以组成各种形状,适应不同器皿。

大家一边讨论,一边摆弄着新收到的礼物,都很得意。马克忍不住又拿来他的相机,狂拍一阵。

第二道菜是生菜沙拉和开胃酒。要一手拿长柄大木叉子,一手拿长柄大木勺子,把菜夹到自己盘子里。

第三道菜,烤猪腿,有全熟的部位,也有红色半生的部位,按照每人的需求瓜分。我当然是选择了全熟的。

第四道菜,忘了是米饭还是意大利空心粉。

第五道菜,奶酪,也是我当时最讨厌的东西。法国人每餐都要吃长面包和奶酪。长面包切成片,从进餐开始一直吃到结束:开始揪成小片,拿在左手,像用扫把那样在盘子里把食物扫到右手的叉子上,然后再把叉子送到嘴里,决不能左右手同时送食物到嘴里,也不能低头用嘴去吃食物,要坐得挺直。最后用刀子把黄油和奶酪抹在剩下的面包上,然后把它们都

::2004年,山西晋城。司苏实 摄/左

吃完。这些都是凯瑟琳教我的。不过我那时不吃奶酪,只用黄油代替。

每次我跟法国人说起我只爱法国红酒,却不爱法国奶酪时,法国人都会跟我说,红酒加奶酪才最好吃。我就想,是不是饭后再来一根香烟才是最佳境界呢?

最后一道菜是甜点及水果。这倒是我的最爱。

晚饭结束了,餐厅里一片狼藉,人走的走散的散。只剩马克一个人坐在饭桌旁边,低着头,聚精会神地摆弄着他的照相机。

给马克当模特

在巴黎的最后一天晚上,我们回到马克家已经11点多了,马克却还没睡。我和李德到他的办公间,我想跟马克告别,因为明天一早就要离开巴黎,没机会再见到他了。

谁知一见到马克,他就递给我一本《马克·吕布》(1989年,国家图片中心及文化部,巴黎),说:"作为一个摄影师,除了照片我没有别的可以送。你看看上面写了什么。"我真是受宠若惊,激动地打开书,扉页上面写着:"给墨——一个美丽的新朋友。马克,巴黎,2002年圣诞节。"后来我仔细翻看,里面共有62幅震撼人心的照片。

"现在我还要为你的父亲,给你拍些照片。"马克郑重地说。"去打扮一下!给你五分钟时间!"

其实马克很早就跟我说要为我爸爸给我拍些照片,但我不知为什么始终觉得那只不过是客气。没想到不但是真的,而且马克为了在我走之前给我照相,一直等到晚上11点多都没睡觉,这对于一个近80岁高龄的老人来说是很不容易的。

我迅速回到房间,简单收拾了一下,来到客厅。看到马克拿着他的相机,我开始不知所措。马克让我放松,越自然越好。

我站在客厅的一面墙前。马克用眼睛打量着我，伸手指着远处的一盏灯，说："德，去把那盏灯关上。"又看了看，想一想，走到我右边，调整本来打在艺术品上的灯光角度。马克这时候看我，是种很奇特的眼光，就像猎豹专注地盯着它的猎物，眼神坚定而锐利。

　　调好灯光，马克举起相机，我就好像看见医生举起针头，一下紧张起来。马克说："放松，如果你不知道怎样做，不要有任何表情就可以……你的嘴，不要抿着，嘴角放松下来……好，就这样，不要动……"我毫无表情，一动不动，可心里却不知所措。

　　照了十几张，马克又换个角度，我换个姿势，再调整灯光。这回大概是照全身，他让我两条腿交叉，靠在墙上，全身放松。按动了几下快门之后，马克脖子向侧面一伸，从相机后面露出脸来，看着我，不知想些什么。然后走过来，把我身边垂直挂着的一条铁棍状装饰轻轻一推，变成一条斜线。回到原处又照。

　　我努力记忆马克举相机的样子，突然想起他端盘子的时候手会剧烈地颤抖，可是拿着相机的马克的手却纹丝不动，好像石头做的一般。

　　12点多，拍摄才完成。我跟马克告别，马克说："你要再来哦，不管你什么时候来，这里都有一间房你可以住。"我回到房间，睡不着，就翻看起马克送我的摄影集。突然，听到马克脚踩木地板的声音停在我房间门外，随即两张照片印成的贺卡从门缝下塞了进来，然后听到马克站起来时粗重的喘息声。

　　我拿起贺卡，一张是送给我们家的，上面写着："给墨和她的爸爸妈妈。"另一张是送给阿兰一家的（因为我第二天要到阿兰·朱利安家去）。这贺卡上就是前几天看到的，马克在上海拍的那张照片。

金镜头

　　2004年父亲组织筹备晋城"金镜头"摄影奖，希望马克·吕布参加，问我能否帮助联系一下。我马上就给马克打了电话。本以为马克会考虑一下才给我回复，没想到电话里马克毫不犹豫地说："我来！只要是你们邀请我就来！"挂下电话，还有些不相信，不过后面的事实证明我是多虑了。七月，马克·吕布和他的助手意大利摄影师朱立欧，马克的外甥，即与父亲一起合作创办平遥摄影节的策展人阿兰·朱利安和我都飞往中国，参加颁奖典礼。我此行的主要任务是担任马克一行的翻译陪同工作。

　　开往晋城的小面包车一路颠簸，长途旅行让马克感到非常疲惫。虽然他不时和阿兰和我开玩笑，但可以感到他的情绪有些低落。眼睛望着窗外，看着远方。我心里也有些打鼓，到底颁奖典礼会不会顺利进行？我心里也没谱。可一到晋城我们就受到了非常热烈的欢迎。来自全国各地的摄影家和摄影爱好者把我们团团围住，当然也少不了新闻记者。看到这阵势，马克和阿兰乐坏了，旅途疲惫也一扫而光，不停对我

说:"太好了,非常感谢你们邀请我们来参加这么盛大的摄影节!"

作为摄影师的马克平时都是在相机后面拍摄别人,而这一次他成了所有人的拍摄对象。成百上千的摄影师围着他咔嚓咔嚓地拍,没一刻消停。有趣的是马克自己也拍,拍别人拍他。这样就形成了一大群人对拍的壮观场面。大家都是搞摄影的,走到哪里都是一群人举着相机。马克还不知从哪里找来一架塑料的一次性小相机。对面是一排记者端着各种高级器材,大炮一样对准他。而他捧着小塑料相机,拍一张还要费半天劲手动过卷,发出老式相机独特的过卷声音。这滑稽的场面让我印象深刻。

马克的一举一动都受到人们关注,走到哪里后

:: 我和父亲,2004年马克·吕布摄/左

:: 马克与老人"交谈",2004年金镜头摄影节期间,司苏实摄/右

回忆法国摄影大师马克·吕布 ▶ 137

:: 2004年金镜头摄影节期间，司苏实摄/上

面都跟着许多人。马克爬上垃圾堆拍摄远景，大家就跟着一起爬垃圾堆，躲在一定距离之外拍马克，那场面也让我觉得非常有趣。我们一起参观皇城相府，马克爬上城墙不让人跟来，大家就站在远处拍他。这一次，马克是过了瘾，相机从不离手。除了风景，马克还把镜头对准同行的人，我们也都成了他的模特。

　　颁奖典礼之前，我和马克坐在休息室里，对面坐着一排领导。马克饶有兴致地看着，然后突然对我说："你看，他们都是一样的姿势，穿着一样的衣服，梳着一样的头型，连头发分缝都是同一边！"我一看果然，不禁对马克的观察能力更加钦佩。可惜马克很知趣地没有举起相机，不然也许又是一幅精彩的照片。我求马克把获奖感言提前告诉我，好让我有

::2004年金镜头摄影节期
间，司苏实摄/左

个准备，提前想好怎么翻译。可马克死活不肯告诉我，只是说很简单，我一定能应付得了。

颁奖典礼是在一个非常大的礼堂内进行，还有电视转播，台下坐着很多人。我和马克坐在第一排。主持人牛群开始介绍马克。可能是听到牛群提到他的名字，马克看了我一眼，我向他点点头，意思是说的是他。可他以为是上台的时候到了，一把抓起我就往台上跑。好在牛群经验丰富，讲了个笑话让我们回到座位。第二次马克又听到他的名字，这次他又看我，确认是不是该上台了。我点点头，于是我俩第二次走上舞台。马克被授予终身成就奖。开始发表获奖感言，他郑重其事地说了句话，我当时一下就蒙了。他的话我每个词都能听懂，可不知是句式有些绕，还是我太紧张，总之我竟然没有听懂整句的意思，只是知道和平遥摄影节有关。我稀里糊涂翻译了一句，只听台下一片寂静，显然没人听懂我说了什么。后来应该还是牛群打了圆场。很久之后，我想起这段经历还是非常愧疚和遗憾。

七年仍未出版的书

2005年我读完里昂二大本科。一次到巴黎玩，顺便拜访马克时，我对他说想到一家法国旅行社工作，马克说："法中之家（La Maison de la Chine）

::2004年金镜头摄影节期间，司苏实摄/左

是做中国线路最好的旅行社，我认识它的老板Patricia Tartour。我就对她说你是个令人难以忍受的人！"显然马克又在开玩笑。然后马克加了一句："Patricia是个非常聪明的女人。"法中之家产品宣传册上用了很多马克的照片，还经常办他的展览，所以关系很不错。很快Patricia就回复，工作不可能，实习没问题。于是我就有了实习机会，后来干得也不错，就于2006年1月开始转为法中之家正式员工。这是我人生第一份正式工作。

之后由于工作忙，加上自己身体也不好，各种活动参加得少了，就很少和马克联系。我从2008年开始给欧洲时报网站和拉加代尔集团（Lagardère）旗下专门介绍中国的Chine Plus杂志写语言文化专栏。之后又和先生尼古拉一起与Fei出版社合作，用五年时间翻译出版了中国四大名著连环画，在法国引起很好的反响，并从那时起一直和出版社保持合作。此外，我们还举办了各种中国文化讲座，受邀参加图书沙龙和文化中心的活动。

在一个图书沙龙上我意外发现一本马克和前法新社主席Bertrand Eveno的对话录，叫作*Paroles d'un taciturne*（沉默者的话语）。书里讲马克小时候的经历，参加抵抗运动和德国人打仗惊心动魄的故事，讲他怎样进入玛格南图片社，讲他和布列松、卡帕那些大师之间的故事，还讲了他怎样拍摄照片以及对摄影的看法……最重要的是，里面大部分都是马克自述的原话，Bertrand作为采访者只有很少的点评。阅读的时候我感觉就像和老朋友谈话，马克幽默而智慧的话语不仅让我感受到他善良的人格，而且给与我许多思考方面的灵感。

我和父亲在一次通话时提到这本书，父亲就对我说："你可以把它翻译出版。"我一想，多年来马克对我们家给予了极大支持，也许这就是我对他表示感谢的最好方法！我马上开始寻找出版社。摄影师黑明向我推荐中国摄影出版社，还给了我联系方式。于是翻译工作就这样开始了。那时是2012年。

可谁也没有想到这本书竟然到现在也没能出版（注：《沉默者的话语》最终于2021年出版）。开始是Delpire出版社内部发生重大变故,项目搁浅;然后中国摄影出版社负责项目的人发生了几次变更;最后由于书中有些国外报纸影印资料,外加涉及越南战争的历史,几次审批没能通过……就这样七年时间一晃过去,马克也于2016年去世,没能亲眼看到这本书的中文版。

熄灭

忘记是哪一年,法中之家办了场马克·吕布的展览。听说马克本人会来,我特意跑去看。那时已经很长时间没见过马克,听说他生了病,还做了手术,就很想见见他。记得当时马克站在茶馆柜台前正中央,背靠着柜台边缘,一动不动。身前好几个人在嘘寒问暖,但马克一言不发。我已经看出有些不对,但还是耐心等所有人说完话才走上前去。

等走得近了,我突然有种陌生感。马克的样子并没变,可眼神完全变了。事实上,他并没有眼神。他冷漠地看着我,也许他并没有看我,他好像什么都没看。往常不离手的相机也没有了,他只是站在那里。我说:"马克,你还记得我吗?我是墨。"马克毫无表情,我的心就凉了。我说:"我是司苏实的女儿,司苏实,平遥摄影节,晋城金镜头……"马克还是毫无表情。我急了,拼命想还有什么能引起他的回忆:"我是通过你儿子李德认识你的,还住过你女儿克里芒丝的房间。"马克还是毫无反应,仿佛我说的一切和他毫无关系,他也毫不在乎。我明白他已完全失忆了,但我不能接受这个现实,我继续努力:"还有阿兰·朱利安……"这时马克突然说:"阿兰·朱利安?他是我的外甥。"然后就再也不说话了。

我当时受到非常大的打击。我听说过他因为病情发生很大变化,也不是没有心理准备。可当我站在这个曾经那样幽默、智慧、善良的人面前,看到的只是一个躯壳,一个没有灵魂、没有感情的躯壳,我感到了巨大的悲痛。马克·吕布已经不在了,我面前的人并不是他。"光明"熄灭了。

我红着眼睛,拼命忍着眼泪。旁边来人和我说话,我都不能回答,因为憋着巨大的悲痛,一开口就会失声。后来我看到了马克的妻子凯瑟琳,我走到她面前,但还是一句话说不出,只是用"怎么会这样"的眼神看着她。她把我抱在怀里,我眼泪终于流下来。凯瑟琳对我说:"他已经连家人都认不出了。Il ne sait plus aimer(他不再会爱了)。"

最后一面

最后一次见到马克是在他家里。当时去和凯瑟琳以及马克助手讨论出版《沉默者的话语》事宜。临走的时候我问凯瑟琳马克在哪里。凯瑟琳说就在家里。我提出想见马克一面。凯瑟琳似乎面有难色,但最后还是同意了。

我跟随凯瑟琳走过迷宫一样的走廊,来到一个小

∷ 2004年金镜头摄影节期间，司苏实摄/左

房间。一开门，看见亚裔阿姨正在照顾马克。光线从对面窗户射进来，把整个房间照得明朗温暖。

马克就躺在右手边一张小床上，身上盖着白被单。我简直认不出了，他瘦得皮包骨头，头发像白色的火焰。

看到我，马克突然高兴起来。他瘦得像柴杆一样的手臂不停挥舞。我俯下身，他用手轻轻碰了碰我的脸，然后用以前他说出那种充满智慧的玩笑的特殊口气说道："你知道——他们知道，我也知道……"

我没能听懂这个"大家都知道"的内容。但是我很高兴，因为我又看到了那个幽默调皮的马克，看到了他眼中重新燃起的光明。

司墨于巴黎

2020年6月28日

马克·吕布与中国摄影

司苏实

马克走了，正如他静静地来，又静静地离开。

早在上世纪五十年代，马克便有机会来到中国，并得以从西方人的视角，用摄影人的观察方式，来拍摄那个特殊的年代。作为西方人的马克，在那个特殊的时代，能够得到官方的信任，十分罕见。他说他没有学习中文，因为连最基本的寒暄也不需要，这刚好对上了他从小养成的那种少说、多看、多思考的习惯。马克在七个孩子中排行老五，轮不上他说话，他却可以听、可以观察。我格外注意他那鹰隼般的眼神，应该说，这是他成功最直接的法宝。

马克出生在里昂这座法国著名的工业城市，工业环境中生硬冰冷的钢铁，硬是被他表现出令人惊异的美感和韵味。正是拍摄于1953年的那幅《埃菲尔铁塔上的油漆工》让布列松发现了他，之后我们从他的作品中可以不断发现这种从冰冷生硬中生发出来的情调与细腻感受。事实上，与西方摄影同行迥然不同的不仅仅是他的情调，坦率地说，马克从影像中流露出来的机智以及那种几乎必定发人思考并有所获的东西，他的恩师布列松也望尘莫及。

中国人的思维方式与西方人不同，这导致中国人对摄影术的理解与西方人有很大区别。西方人了解事物喜欢穷追猛打、刨根问底，摄影术刚好满足他们这种纤毫毕现的"物理性"追求；中国人则很难满足于这种平淡无味。他们绝不肯让描述莲花的作品仅仅停留在对花瓣叶脉的勾画上，哪怕这种描述字字珠玑。一定要让莲花体现出"出淤泥而不染，濯清涟而不妖""可远观而不可亵玩焉"的人生志向、哲学境界，能够耐人长久把玩才算到位。摄影术的精确写实与中国人的这种审美追求其实是冲突的，要么因过于写实而平庸寡淡，要么让客观受到干扰。从摄影术传入中国那一天起，无数中国摄影家就在寻求这一破解方案，即将两者融合起来，在充分保证写实特长的前提下，让摄影术体现更具概括性、寄予更加含蓄内在，甚至更富哲学意味的主题。

  风花雪月式摄影久盛不衰，正是因为山水烟云、树影婆娑容易体现一些意境韵味。这没什么不好，但摄影术的写实功能常被淡化甚至被放弃（例如集锦摄影）。早年中国摄影人崇拜布列松，很重要的一点，就是布列松的照片完全捕捉自生活现场。因为是捕捉，人与人之间、人与事物之间那种原始关系没有受到破坏，其中微妙的成分得以体现。这种"微妙成分"已经开始接近中国人追求的那种东西了。这种"接近"产生了一种让人进一步探寻的诱惑力，这是人们喜欢品读布列松作品的原因。但仅仅是诱惑力，真正体现出内在意味甚至哲学意义的作品并不多见。笔者认为最到位的一幅，是《打酒回来的小男孩》（1958）。照片的微妙之处不在于小男孩的神态，而在于身后小女孩的表情——羡慕、敬佩，在于两种神态交相辉映所流露出的那种内在的感触，能够让所有读到这幅作品的人激动起来。

  "决定性瞬间"对于摄影术来说的确至关重要。但布列松只做到了一半，即捕捉的意义与魅力。正是

到了马克手里,这个"决定性瞬间"才真正体现出它的魅力。

布列松是著名的街头抓拍大师,堪的派(Candid)代表人物。他本是超现实主义(Surrealism)画家,促使布列松充满激情转做摄影的,是抓拍大师马丁·穆卡西(Martin Munkácsi)拍摄的《奔向坦噶尼喀湖的小男孩》的激励,抓拍的理由十分单纯,这种抓拍

∷2002年7月,阿尔勒摄影节上的马克·吕布,司苏实摄／上

能够得到"画家难以想象的绝妙瞬间"。1932年，也就是刚刚受穆卡西激励拿起相机钻进街巷的第二年，布列松在巴黎亚拉扎尔车站拍摄了那幅十分著名的、从水面上一跃而过的人影照片。这画面引起无数人的兴趣，只是因为这个画面十分奇特——有效地吊起了人们探寻其中意味的胃口。还有呢？其实什么也没有，布列松追求的只是这种"瞬间"，这瞬间可以为他的绘画提供一些参考，别人喜欢，那是别人的事。问题出在他1952年出版的那本小册子。他用4500个法语单词写了一篇前言，阐述他对瞬间的理解，这个前言被美国出版人迪克·西蒙（Dick Simon）翻译成英文"The Decisive Moment"（决定性瞬间），正是这几个字将布列松这种随意捕捉提升到近乎神明的高度。

其实，"决定性瞬间"对于摄影术来说的确至关重要。摄影不像绘画，可以运用位置经营、色调线条的精心调理营造主题。摄影术（不包括摆拍）只能依靠现场动态的发现和迅速组织——捕捉，摄影作品的价值几乎全部依赖这种对画面的"捕捉性经营"是否精准到位，是否成功寄予了足够的意义——"决定性瞬间"。布列松注意到第一步，也就是捕捉的意义与魅力，但下一步就勉强了，也就是没有深入研究寄予什么、如何寄予的问题，布列松点破了摄影术的"秘诀"，但他只做到了一半。正是到了马克手里，这个"决定性瞬间"才真正体现出它的魅力。类似布列松《打酒回来的小男孩》那种把"决定性瞬间"精准应用的例子在马克的作品中普遍存在，而且张张都那样精准到位：《反越战游行，1967年》，女人的动作、神态与荷枪实弹的士兵的动作、神态形成强烈的反差，这幅作品在美国结束越战政策中发挥了独特的作用；《北京，1957年》，正在翻越宫廷巨大门槛的小儿使作品充满象征意味；《深圳，1992年》强烈的对比，使深圳在画面中饱含改革开放初期遍及每一个角落的燥热与律动；《街头洗车的女孩》，女孩在古城当街洗电动车，将时代变迁、问题与希望、过去与未来凝聚在方寸之间……

　　值得注意的是，西方同行作品中的"决定性瞬间"并不像我们想象的那样普遍，更谈不上精彩，把马克说成是特例一点也不过分。反倒"决定性瞬间"的概念在中国摄影界几成圣经，无数探索者花费半生精力钻研尝试。上世纪八十年代初兴起的最经典最具代表性的当代中国社会纪实摄影，正是以瞬间捕捉精准到位、主题含蓄为基本特征的，与马克不分伯仲。研究上世纪三四十年代的中国解放区摄影你会发现，以沙飞作品为代表的红色影像与改革开放后中国社会纪实摄影的拍摄理念如出一辙。但是注意那个时段，小型相机、快速胶卷刚刚进入市场，现场抓拍刚刚成为一种常态，比布列松上世纪五十年代提出"决定性瞬间"早了十几年。这些都在印证着一个事实，"决定性瞬间"其实是中国摄影美学追求中最核心的东西。布列松把它说了出来，因此受到几乎所有中国摄影人的顶礼膜拜（西方人远没有那样认真），而马克用大量实践赢得了中国摄影人发自内心的敬重。

这就把话题说了回来，尽管东西方的思维方式存在差异，但布列松替中国人提出了这个理念，马克把它演绎到位，说明西方人和中国人都在寻求摄影术的深层次表达问题，只不过思维方式不同影响了探索的趋向。

注意，在西方多年盛行不衰，传入中国又大行其道的观念摄影，其突出特征就是主观性强，主题的思想性、概括性、深刻性，包括含蓄性都格外突出。只不过观念摄影更多通过摆弄、拼贴、扭曲、变异，甚至完全通过制作来体现主题。我们不能说不许这样做，只能说这样做远不如直接到现场去发现，将现场正在发生的景物通过毫无疑问的捕捉，重新组织到画面中，进而体现内在主题来得精彩。关键是更"摄影"一些。

马克的照片对中国人来说十分珍贵，在于它贯穿了几乎整个新中国的历史进程。马克对中国摄影的感情有着深厚根基。平遥国际摄影大展如果没有他的声望、面子——号召力，不可能一下子取得那样的成功。

笔者认为，布列松、马克·吕布都属于那种格外聪明的人。作为西方人，他们深谙摄影术高度写实的特质，但也意识到在写实基础上进行深层次表现的特殊性。布列松主要关注到捕捉的意义，而马克那鹰隼般的眼睛所关注的，并非一般意义上的精彩表情、精彩动态，而是能够体现某种意义、某种韵味的人或事或物以及它们之间的微妙关系，再用捕捉的方式把它们定格到画面上。这一点与西方同行明显不同，却与改革开放后中国社会纪实摄影大家们，以及与上世纪三四十年代沙飞团队的摄影前辈们的路子如出一辙。马克的机智，当然包括马克的捕捉技能，使他的作品十分明确地体现出那种中国人不断追求，却又未必出手就有的表现方式。这正是"决定性瞬间"的精妙之处。毕竟思维方式不同，作为西方人的马克能够明确意识到这一层实属不易，马克不声不响却毫不含糊地将其付诸实践并取得成功，正是这些使中国人喜爱马克的作品，佩服马克·吕布其人。

笔者无意区分东方人与西方人，纪实摄影与观念摄影、风光摄影孰优孰劣，只想说在摄影术这种必然应该具有其自身个性的艺术形式中，总应有人去寻找真正属于它自己的那些最本质的表现手段，并将它发挥到极致。这一可贵的探索是在布列松、马克·吕布、当代中国社会纪实摄影家，以及上世纪三四十年代沙飞团队的摄影前辈们等中外几代人的共同努力下完成的。摄影同任何一种艺术形式一样都是完全开放的，人们尽可以从任意角度，用任意方法去探索，但无须对马克、对中国摄影家们成功探索的这种摄影模式持轻视或者否定的态度。历史会证实，也已经在证实着这种拍摄模式的长久生命力。

我们只是在谈摄影观念、摄影美学，更多大众并不介意这些观念和拍摄方法。马克的照片对中国人来说十分珍贵，在于它贯穿了几乎整个新中国的历史进程，从1957年开始，经历了"大跃进"、"文化大革命"、改革开放之初，直至21世纪的迅速崛起。由于种种原因，我们自己没有拍好其中许多东西，马克是为数不多的几个用真正意义上的摄影来记录这些历史的人之一，何况他还这样有心有术地将自己的认识和感受也同时记录了下来。

这也是马克后来会投入极大的热情和精力，帮助

:: 2004年山西晋城，司苏实摄 / 上

我们创办平遥国际摄影大展的原因，马克对中国摄影的感情是有着深厚根基的。2000年，他让他的外甥阿兰·朱利安和妻子放弃回国找工作的计划，将全部身心投入到帮助中国摄影与国际摄影同行全方位交流的事业中。阿兰夫妇至今坚守这一重托。

马克晚年失忆了，我们已经好几年听不到他的声音。其实他也不需要说什么，正像他来时那样，静静地来，又静静地去。但他留给我们的财富是巨大的，无论是影像，还是为了影像的观念，影响必然深远。

马克去世，许多中国人，许多中国摄影人用各种形式自发地怀念他，已经说明问题。马克·吕布不仅值得好好地怀念，更值得好好地研究，他的身上有许多值得中国人学习、借鉴的东西。

（图文详见《人民摄影》报2016年9月14日7版）

文化与人道的关怀：马克·吕布 :: 王璜生

马克·吕布（Marc Riboud）这个名字对于中国人来说，并不陌生，尤其是在中国的摄影界里，可以说，大家一谈起他就有一种油然而生的敬意！这种不陌生感和敬意，来自他的经典作品的深入人心，如《埃菲尔铁塔上的油漆工》《枪炮与鲜花》等，而同时更来自他对中国这片土地及土地上的人的关注和情感，以及他作为有人文责任感的艺术家的个人魅力。

记得在2003年广东美术馆举办的"首届广州国际摄影双年展"上，马克·吕布的作品参加了展出，其中《埃菲尔铁塔上的油漆工》（1953），给人们留下尤深的印象和感受。高高的埃菲尔铁塔俯视着巴黎城，一名油漆工正为铁塔涂漆，似乎还一边吹着口哨，其动作和姿势如歌剧演员般诗意而优雅，浓缩了法兰西民族浪漫、乐观、优雅的个性。而另一件经典作品《枪炮与鲜花》（1967），记录了华盛顿反战大游行中，17岁女孩简·罗斯（Jan Rose Kasmir）用鲜花对抗枪炮的历史性时刻。这些作品之所以"经典"，应该说，是因为马克·吕布不仅仅用他优雅而坚定的镜头捕捉定格了他的前辈师长卡蒂埃-布列松（Cartier-Bresson）所说的"决定性瞬间"，而且，在这"瞬间"的背后，深入地揭示了一个国家、一个民族、一个区域、一种人群等的文化内涵，以及人类生命的本质关怀。正如，在《枪炮与鲜花》中，我们为人类社会的民主精神、勇敢人性和对生命的珍爱而感动！

马克·吕布的作品并不总是些惊天动地的画面，在他到世界各国游走期间，他敏感地拍摄下当地人民的生活变化，特别是通过一些细微的生活细节反映出一些重大和深远意义的内容。马克与中国的不解之缘始于20世纪50年代。他于1957年踏上中国的土地,次年发表拍摄中国的第一张图片。之后,他多次到"文化底蕴太深"的中国旅行,相机更多地瞄准普通人,记录着这里的平凡事,并切入于这里悄然发生的重大历史变化,同时也在他的镜头中显现着一种文化思考和审视的角度与眼光。著名影像研究专家杨小彦曾写道:"从五十年代到七十年代,中国社会狂热的政治现实与异于西方社会的典型的贫穷相貌,同时成了摄影家关注的对象。马克·吕布的精彩之笔正在此,他随时随地都把这两者拍进他的画面。但是,有趣的是,进入八十年代以来,马克·吕布的镜头却出现了重大变化,他开始关心西方化给这个社会所带来的视觉变化,而其中最重要的见证就是各式广告以及广告上稀奇古怪的文字。在马克·吕布的眼中,如果说中国人过去生活在政治狂热之中,那么,今天的中国人则生活在经济狂热之中……在他长达半个多世纪对中国的追踪拍摄中,却隐藏着影像之外的一个意图:即把个人的观看适时地转化为一种文化对另一种文化的审视。"当然,马克·吕布审视的眼光和呈现的画面总是友善而温和的,似乎更是以一个西方人的视角关怀和赏识着这个东方大国的历史与现实。

而马克·吕布给中国这片土地和这里的摄影界、文化界留下深刻影响的是,在八十年代末,中国的摄影界正处于力图挣脱官方正统的新闻宣传摄影和民间唯美而日趋商业化的沙龙摄影时期，中国的艺术界、文化界也正关注社会的底层及人性的问题，在这样的时候，马克·吕布的摄影被大量地介绍进中国，他纪实的摄影手法和理念，以及"纪实摄影"所突出指向的人道关怀精神，为中国的摄影界带来了新的社会视角，新的摄影语言，新的精神维度，一种被称之为"纪实摄影"的摄影类型一时间在中国占据主要位置，产生了恒久而巨大的影响。因此，摄影界总是将中国的纪实摄影产生、发展及影响与马克·吕布联系在一起。也是在2003年，我和胡武功、安哥策划的"中国人本·纪实在当代"大型纪实摄影展览，从一定意义上讲，将深受马克·吕布影响的中国纪实摄影推到一个新的高度，而这一展览及中国的纪实摄影也因此备受国内国际的关注、赞誉并引发新的思考。

在这次"马克·吕布摄影50年回顾展"上，我们不仅能够再次为他的代表性、经典性作品而感动，而且还可以与他那对待中国社会和风景的眼光和心灵静静交流。

于中央美术学院

2010年1月25日

马克·吕布二三事

王志平口述 钱丹记录

关于马克·吕布，我可能是国内最早认识他的摄影人之一，在我的记忆中有这么几个片段值得回味。

一

1984年前后，我加入了法国A.N.A图片社，该图片社掌门人是位女强人，她是白俄后裔，我们都叫她奥勃伦斯基夫人。图片社虽然不大，但是在奥勃伦斯基夫人的经营下倒是焕发出勃勃生机。她网罗了当时一大批优秀的摄影师，其中就包括马克·吕布。

加入A.N.A第一年，奥勃伦斯基夫人就帮我卖出了很多照片，于是我得了一大笔钱，当时对我来说真是一大笔钱，无法想象的数额。但是这笔稿费一直在巴黎，我没法拿到，直到有一天，我得知美联社记者刘香成有一套照相机想出手，我记得很清楚，那是一套佳能，包括一个Canon F1 机身，两个Canon A1 机身，从17 mm 超广角到500 mm 超望远一共10 个Canon 原厂镜头。我不假思索就和刘香成达成了协议，因为奥勃伦斯基夫人告诉我马克·吕布要从巴黎来中国，所以我就委托马克·吕布帮我完成了交易，从巴黎的A.N.A图片公司帮我取出了差不多全部的钱交给了刘香成，买下了他的那套器材。然后把这一大包东西从巴黎背到了我北京家中，那是我和马克·吕布第一次见面。

我还记得那天马克·吕布见了我后相当生气地说："我不明白你为什么要那么多、那么好的照相机，到底有什么用！你看我，一直只用这。"他挥舞着他的那台看起来马马虎虎的奥林巴

马克·吕布二三事 ▶ 161

:: 2006年法国蒙彼利埃，马克·吕布与吴家林，王志平摄/上

斯OM—2。当然，从道理上无论怎么说，马克·吕布是对的，但是我却执迷不悟，这是毛病，是改不了的癖好，我当时没有"四个喇叭"，没有电视机，没有上得了台面的衣服，没有自行车，甚至没有像样的家具餐具，也几乎没有任何生活上的奢侈品、名牌货，我心安理得地住在一间每月房租1.9元人民币的四处漏风的旧房子里。但是抵挡不住一套好的器材对我的诱惑，摩挲着这堆冷冰冰的铁，聆听一下那得心应手的快门声，对我来说就是最好的音乐，就是幸福。

∷2006年法国蒙彼利埃，马克·吕布、王志平和吴家林。王志平提供/上

马克·吕布不会懂一个中国年轻人对心仪物质的发烧情结。

二

1985年，我移民到了法国。我继续和A.N.A图片社奥勃伦斯基夫人合作，有一次法文版的《国家地理》杂志要刊用我的作品，但是杂志社需要我写一篇与图片相关的文章，由于我刚到法国，法文也不好，无法写出杂志社要求的文章来。那时候的杂志社真是牛气，为一篇报道真下功夫和血本。他们就说给我安排一个懂法文的中国作家来和我对接，最后没想到他们安排为我的图片写图片故事的居然是著名作家韩素音，当时韩素音正旅居在瑞士洛桑，杂志社给我承担了所有的差旅费用让我前去洛桑和韩素音见面。在与韩素音交流的过程中，我得知原来马克·吕布最早是听了韩素音的推荐才动了去中国拍照的念头，甚至韩素音还帮马克·吕布搞定了去中国的签证，使他成为第一个到访新中国的西方媒体摄影师（1957年）。

三

1985年我到巴黎后，去过一次马克·吕布家，也是A.N.A图片社奥勃伦斯基夫人带我去的。由于我当时刚到巴黎，人生地不熟、语言不通，更没有能力冲印照片，我就带着之前在国内拍摄的彩色反转片底片去了。马克·吕布看了几张后，我发现他对彩色，对反转片小样并不感兴趣，所以只看了一会儿他就问有黑白照片吗？有洗印好的照片吗？当时我并没准备，所以马克就放下那些反转片小样，我们寒暄了几句就告别了。

我们离马克·吕布有多远

闻丹青

在《中国摄影家》上，陆小华写过一篇文章，题目是"我们离那谷仓还有多远"，文章颇富哲理的思辨，具体内容记不清了，但这题目却清晰地驻留在记忆里。当我看完马克·吕布的"中国摄影四十年"摄影展览，提笔准备写东西的时候，这个题目不自觉地就来到笔下。在对马克·吕布的一片赞扬声中，中国的摄影师离他有多远？

马克·吕布以他七十多岁的高龄，四十年里多次来中国的经历和在中国美术馆正厅展出的百余幅照片，使我们看到了一个法国知名摄影师的成果。开幕式上盛况空前，热烈场面已经有多家报刊报道，我就不再赘言。一个给别人拍照的人，突然被照相机包围，无数长枪短炮瞄准了他，闪光频频使他成为一块亮色，人们拿出画册、笔记本甚至参观票请他签名留念，以至陪同人员出于对老人的爱护粗暴地拒绝了许多热情的观众。从老人脸上看得出兴奋情绪下面的疲惫，那一刻，我觉得这个从事了几十年摄影的法国白发老人，突然享受到了刘德华、张学友这些流行歌星的待遇。开幕式结束后，法国驻华大使馆举办了酒会。大使馆是一国政府的代表，以政府的名义为一个摄影师助阵，可见马克·吕布在法国的地位和影响。招待会上，人们喝着法国香槟，三五成群地在使馆大厅或后院的草地上聊天。马克·吕布因为那几天特别是开幕式上太劳累，回宾馆进行休整，比较晚才来到招待会上。此时没有相机的包围，也没有了闪光灯的照耀，只有语调温和但叽里咕噜听不懂的法文。此时，马克·吕布就站在我身边，但我觉得距离是那么远。

当我在展厅里站在马克·吕布的照片前或者是翻开他的画册

时，倒感觉时空距离缩短了，尤其是看到他五六十年代在中央美术学院拍的照片（展览上的标题把中央美术学院误写为北京美术学院）。我父母都在中央美术学院教书，我们家一直住在学院内的宿舍，学院的每一个犄角旮旯——上至锅炉大烟囱顶上的平台，下至防空洞的最深处，都曾是我们嬉戏的场所，我认得出马克·吕布是在哪一间教室的哪一个角度拍摄的雕塑人体课（《北京，1957年》）；我认识在抗美援越的集会游行上振臂高呼的人们（《北京，1965年》），他们是我父母的同事，他们的子女是我的朋友。展览上，那一幅照片放得很大，高清晰度的画面使人看得见每一个具体细节，我在前面停留了许久，寻觅着拍摄者也不曾知晓的信息，回想当年我跟着父母参加过类似的游行，至于是支援古巴革命还是抗美援越，是声援刚果人民还是庆祝第一颗原子弹爆炸，我记不清了。后来这类游行就更多了，最高指示发表、珍宝岛胜利、庆祝九大召开，每次都是从王府井出来上长安街，经过天安门时是最高潮，口号阵阵锣鼓喧天，从六部口或西单绕道北海，经东华门返回。那时不知道是因为年纪小还是因为兴奋，这一圈走下来一点也不觉得累，好像大人们也没有人喊累。现在的人不管年纪大小走这样一圈大概都要脚痛。

往事历历在目，弹指一挥间。从改革开放到现在，我已从事摄影编辑工作十多年。改革变化中的中国，我是以成年人的年龄经历着她，以摄影编辑的眼光关注着她，看到马克·吕布这一时期的照片与看到他早期的照片，是两种不同的感觉：麦当劳前与滑稽小丑合影的景象至今每天还在重现着（《北京，1992年》），大街上总有穿戴入时的靓女从我们面前走过（《上海，1993年》），在撩人的性感明星大幅海报下莽汉们不时现出各种情态（《深圳，1993年》）……这一切，这变化中的一切，我不再仅仅从马克·吕布的照片中看到，在我们自己的报刊上，在展览中、在画册上、在成堆的来稿里，类似的照片已经很多很多，其中一些并不比马克·吕布展览上的逊色。

细想马克·吕布的成就（仅指他拍摄中国的这一部分），其个人的优秀素质自不待言，当然更重要的是他所处的优势位置。其一，当时中国处于封闭状态，他来自封闭之外，这使他能有一个更大范围的比较视野。其二，价值判断。马克·吕布从五十年代第一次来中国到现在，他的价值观念没有发生变化。而中国摄影师则不同，现在已经几乎没有人再用五六十年代的观念去拍照，这种价值观念差异的直接后果是照片的历史价值不同。中国摄影师拥有的照片数量绝对超过马克·吕布，但马克·吕布的照片令今天的我们和我们的后人惊愕、思考；而我们自己摄影师的那些发黄的照片和底片依然躺在资料库或摄影师的箱底，令自己叹息。

如果马克·吕布仅仅依靠优势，那他并不能得到人们如此的钦佩，是他的机智和观察力的有机结合，才使得我们看到了那么多那个时代真实生动的东西。五六十年代我还是个孩子，但七十年代的工作经历使我想象得出，一个挎着照相机的外宾在进入一个拍摄现场之前,单位领导、接待人员以及在场人员花费了多少心血布置这个现场。展览中的《北京的乡村小学教师》(1957)和《北京中国式的离婚》(1965)两幅照片明显可以看到这种精心布置的痕迹,而正是马克·吕布的年轻、机智、聪颖,令他摆脱了限制,使照片中充满了无雕饰之痕的自然。《广西》(1965),知识分子的遭遇跃然纸上;《北大》(1957),舞场上的舞者的口罩引人注目;《琉璃厂》(1965)则透过老式店堂的窗户格,展现了一幅京城风俗图……

若以改革开放为分界线,我们距前期的马克·吕布有些遥远,他的照片因距离感使今人心中抽痛,后期的马克·吕布在地理位置上依然遥远,但从摄影的意义上说,中国的摄影师已经与他并肩前行。或许是马克·吕布的优势越来越不明显;或许是马克·吕布已经老了,机智聪颖不如当年;或许是中国人已打开了眼界……

马克·吕布以四十年的跨度用相机和足迹写下的成就,震撼了中国的摄影师。我想若几十年后,再有外国摄影师以"中国四十年"为题办影展,看过之后的中国摄影师一定不会像今天一样扼腕痛惜自己的遗漏和疏忽,因为现在我们离马克·吕布并不远。

(原载《中国摄影家》1997年第一期)

我与马克·吕布

吴家林

1

1993年6月7日，晚8时，在云南昆明生活工作的我，居然鬼使神差，跟着一行深圳摄影师，走进了马克·吕布下榻的深圳晶都酒店，参加他们事先约定好的看片见面会。

两天前，我从昆明来到深圳出差，偶遇杨延康，他问我想不想见马克·吕布。我说想。他笑着说："你不可能不带作品就空手去见见了，我们早就准备好自己的作品，到时请他点评。"我说，我随身携带着一些新拍摄的底片。他给我出主意：买盒放大纸，借《现代摄影》杂志的暗房放点出来请老爷子看。

我到东门一家摄影器材店，看见12英寸100张一盒的黑白放大纸标价89元，几乎相当于我一个月的工资，我还要养育有4个孩子的家庭及父母。我犹豫了。忽然想到有一种7英寸包装的，但该店没有。后来我找了两个多小时终于花了28元购买了一盒7英寸100张的黑白放大相纸。

在暗房里，我仍舍不得放大7×5英寸的整张相纸，而是从相纸中间拦腰切了一刀，使相纸变成3.5×5英寸。快到下午六点，杨延康来电话催促，七点钟要与老爷子见面。放大的照片有四五十张还在定影液里泡着，我迅速捞出来随便用清水冲冲就拿在手上。我步行赶去晶都酒店，一路小跑着大约40分钟就赶到晶都酒店大堂，手里的照片已捂成半干。远远就见韩磊、张新民、杨延康等人坐在大堂沙发上互相翻阅着彼此带来请老爷子点评的摄影作品。其中有个人影集，有发表在杂志及封面上的作品，还

:: 1996年3月下旬,吴家林应马克·吕布的邀请,带着60幅自己亲自在休斯顿放大的照片来到巴黎,申请参加当年11月的巴黎国际摄影节。他在巴黎的16天,一直住在马克·吕布家中。这是回国前马克·吕布在家里为他拍的照片/上

有手工精放装裱在卡纸上的12英寸黑白照片……见此情景我顿时羞愧难当，后悔不应该在放大时将相纸切小，藏在手里已半干的照片多寒酸啊，让我不好意思示人。

直到8点，肖全才来告诉我们，老爷子一早就出门拍照，刚回来，还没洗澡和吃晚餐，要大家抓紧时间，只见一个小时。我们一个跟着一个，我排在最末一个进了房间。只见马克·吕布半躺在床上，流露出拍照了一天的疲惫。我们一个个送上自己的照片，马克·吕布不断地翻阅着，偶尔提一两个问题。看了一本新疆题材的影集，说："你为什么只拍彩色照片？"他指着贴在卡纸上、照片四周画着很粗的黑线条说："为什么弄这么粗的黑线条？"每一位摄影师

:: 1993年6月7日，在昆明生活工作的吴家林，阴差阳错在深圳与马克·吕布相遇，他的照片感动了马克·吕布。杨延康摄 /左

:: 吴家林与马克·吕布和鲍德温在马克·吕布家中合影/右

:: 1996年，马克·吕布和吴家林与原中摄协分党组副书记陈淑芬在中国美术馆合影/左

:: 2001年，马克·吕布在首届山西平遥国际摄影大展开幕式上讲话。吴家林摄/右

照片被看完后，就顺便抱起一本马克·吕布带来的画册在窗户边的地毯上席地而坐翻阅。半个小时过去了，终于最后一个轮到我。我不好意思地将还未彻底干透的照片一张张铺在马克·吕布的床上，这批卷曲的小照片一下将他吸引住，他反复为这50多张照片按"A、B、C"分类，分完还一再问我："还有没有？"我说只有来不及放大的底片和原底小样片。他说，小样片也要看。我拿出来，他用放大镜吃力地一张张看，并按"A、B、C"进行分类。全部小照片看完，光看我的照片就花了一个半小时。

2004年马克·吕布在摄影"黑皮书"《中国山里人》（法文版）序言中这样写道："我们的初见是10多年前了，那是他第一次把惊喜带给我，好美，尽管静谧无言。他来到我的房间，不出一声，只是把轻若鸿毛的小照片在床上一张张摊开，在我一边惊叹着一边给照片作了分类筛选之后，又赶紧把它们都收起来免得飞走了。然后，如同进屋时的温文尔雅，他彬彬有礼地离开。"

我一生自学摄影，最让我困惑的是不会看照片，不会辨别照片的好坏。这次遇见马克·吕布给我的照片分类，我反复研究琢磨了数十次，让我逐渐找到"不可言说，只可意会"的看照片秘诀。我与马克·吕布交往近20年，他为我系统看片分类有十五六次；其中他还要我为他拍摄的上海照片分类。我大胆分类后他来信说，"我非常高兴，你看照片的眼光提高很快，看这批照片我们之间的差别仅是两三张之差。"从此，我一直将马克·吕布教我"会看照片"的秘诀在摄影圈里无私地传播着。

2

1993年12月，我的处女作《云南山里人》出版。

马克·吕布曾在我的巴黎影展序言中写道："两年后，我收到一个邮件，从包裹的纸和绳，我猜它是从中国寄来的一本书。我已经忘了这位摄影师，但我一眼就认出了他的照片。我明白是那个夜间来客，将他A类的照片找到中国一家最好的印刷厂，出版了他的摄影集《云南山里人》。当时，正巧美国休斯顿国际摄影节主席鲍德温在我家，我将吴家林的《云南山里人》摄影集给他看。他非常欣赏吴家林的摄影作品。他热情地邀请吴家林到休斯顿去。吴家林用他美丽的书法将自己的情况传真给我。巴黎中国区的一位朋友帮我翻译成法文。我知道吴家林很少离开他的家乡云南，更没有离开过中国。这以后的几个星期里，一个计划展开了，它使我们的新朋友能够来到美国。他从中国昆明出发，抵达洛杉矶换乘飞机遇到很大困难。后来他告诉我，由于他只会中国话，差一点儿误了去休斯顿的飞机。他独自在云南深山无人区拍照，也没如此地紧张惊险过。他携带底片抵达休斯顿，钻进暗房不分白天黑夜地放大冲洗影展照片，偶尔出来吃碗面条或给我电传他打算中途路经巴黎的计划。休斯顿的展出是一次极大的成功。他冲洗展出的照片是如此的精美，令收藏家们格外垂青。他不仅开始解决欠账问题，并且实现了途经巴黎的梦想。他来到巴黎，碰到出版商、摄影师和展览画廊老板。凡见他照片的人无不兴奋地说：这是一个重大发现！"

此后马克·吕布的旅行箱里总是带着一本《云南山里人》画册，无论他到世界任何一个地方，只要有认识的摄影人，他总会将《云南山里人》拿出来给他们看，并说，这是他在中国发现的"大摄影家"。玛格南女摄影家伊芙·阿诺德（Eve Arnold）到休斯顿我的展厅来，见到我的第一句话："马克打电话给我，要我来看看他在中国发现的大摄影家……"让我害羞得面红耳赤。

我是休斯顿FotoFest摄影节双年展举办了第七届

::马克·吕布在开幕式上。吴家林摄／上

::马克·吕布在摄影人群中。吴家林摄／下

后，才入选的第一个华人摄影师。展览一开幕就引起巨大轰动。上百人排成两行队列，一行是购买了《云南山里人》要我当面签名；另一行的人说"签名不重要，对话才重要"。瑞斯大学派了5名中国学生为我做翻译。我签完一位读者，就"对话"一位观众。CNN记者扛着"小锅盖"现场采访直播。瑞斯大学研究生院的中国学生告诉我："我们在这里几年了，一直很沉闷，吴老师一来就引起社会的强烈关注，让我们感到作为一个中国人的自豪。"

组委会安排我住在休斯顿瑞斯大学研究生院。马克·吕布多次给我写信，发在瑞斯大学摄影系主任杰夫的电邮里。第一封信告诉我，你到美国千万别让五花八门的摄影干扰自己，一定要坚持自己来之不易的独立摄影风格。放大制作展览照片，要多放出一套来，3月下旬你来巴黎时随身带来。巴黎对你很重要，你一定要来巴黎。

我到休斯顿的往返机票，是摄影节组委会为我提供的，4月中旬返回昆明的机票已经在我手里，我了解到这张机票是打折票，是不能退票的。如果我决定从休斯顿另买票去巴黎，这张返回昆明的机票就必须作废。这对于经济上还十分拮据的我来说真舍不得。于是我请杰夫主任帮我回信马克·吕布，巴黎之行这次我就不去了，等以后有机会我再去。很快，马克·吕布来了第二封信：巴黎对你很重要，你一定要来。我再次拒绝去巴黎。马克·吕布第三封信很快又发到杰夫主任的邮箱。这次杰夫找了两位翻译，很不客气地教训我："你知不知道马克·吕布在国际摄影圈是个什么样的人？三番五次地请你去巴黎，你还拿架子……"我马上意识到再固执下去造成的误会将不堪设想。"好的，请转告马克·吕布，我一定去巴黎！谢谢杰夫主任！"

次日，杰夫主任派他的助手比尔，带上一箱《云南山里人》画册，开车送我去一个陌生的地方。比尔推开一间会议室的门，让我大吃一惊，会议室里坐着身着正装的40多位先生、女士。后来我才明白这是休斯顿摄影协会，会员主要是中国台湾籍业余摄影师。比尔将我介绍给大家，称我是被马克·吕布发现的优秀摄影家，要到巴黎去做影展，经济上有些困难，希望大家购买我的《云南山里人》画册，给予一些经济支持。这是迟到的翻译后来告诉我的。我签名售书，几乎人手一册，一箱40本书全部售完。之后我见有人在讲台上放置了一个红色"募捐箱"，跟着第一个先生放入100美元，第二个先生放入50美元，我感到莫大的羞辱，大步跨上讲台，用手捂着"募捐箱"口，激动地说："请刚才这两位先生将你们的钱拿回去，我来这里之前卖了两张照片，刚才大家又买了我的书，我去巴黎的经费一点问题都没有了，我不需要你们的募捐！谢谢！"现场响起一阵热烈持久的掌声。

3

3月下旬，我从休斯顿飞往巴黎。马克·吕布和翻译刘健一起来机场接我。刘健告诉我，73岁的马克·吕布特意借了岳母的标致轿车亲自驾驶来机场接我。他车技不错，一出机场就在高速公路上飞驶着。一小时左右到马克·吕布的家。一进家门他就告诉刘健，要我将飞机票拿出来，他要给我报销。我半天拿不出来，因为我在费劲地取内衣口袋上的别针，口袋里装着1000多美元。我拿出1000多美元来全部放在他的办公桌上，"我不需要您给我报销！这是我买了飞机票还剩下的钱！"他张开双臂拥抱着我："没想到你解决自己的问题这么快，太让我高兴了！"

他的小女儿在福利院，他安排我住在小女儿的房间里并告知我，当年寇德卡最初流亡巴黎时，也是住在这个房间。他一生就接待过寇德卡和我两个摄影师。我住在马克·吕布家16天，学会吃沙拉酱拌生蔬菜，学会喝云南红茶加柠檬和少许糖，学会喝葡萄酒……他的夫人凯瑟琳常常为我做烤牛排、烤鱼。

他还为我邀请了巴黎的摄影大师（玛格南主席、国家地理杂志老板等）在他家里开了多场小型沙龙活动，多次向大家朗读我写的《云南山里人》后记（英文）。我在休斯顿精放的60张20英寸照片，每天早餐后，他都要花一个多小时反复挑选、琢磨。直到一周之后的周日，忽然来了一个会说中国话的法国小女孩，是法国国家摄影中心主任戴乐比尔派来打听我最喜欢哪个摄影家的作品。戴乐比尔明天要与我见面，审查11月我参加巴黎国际摄影节的作品，要与我交换礼品画册。我告诉法国小女孩，我最喜欢寇德卡。

此刻，我才恍然大悟，马克·吕布三番五次写信要我带着照片来巴黎，"巴黎对你很重要"的原因了。他用心良苦，每天为我反复挑选照片，花了一周时间，最后挑出40幅最好的照片供戴乐比尔审查，让我能顺利在巴黎国际摄影节上举办个展。

周一的下午两点，马克·吕布领着翻译朋友孙国富和我，打一辆奔驰的士来到法国国家摄影中心的小会议室。马克·吕布着正装，我的浅灰色麻布手工制作的服装也是他指定的。小会议室整洁、明亮、庄重，看照片的大桌子上摆放着寇德卡的摄影"黑皮书"和《吉普赛人》。当我将《云南山里人》赠送给戴乐比尔时，他随即将寇德卡的两本书赠送给我。接着，开始审看照片。他翻看到第五张时说："这些照片是谁放大的？"马克·吕布回答："吴家林。"他左手翘着大拇指："放得太好了！"看完他对我说："欢迎你秋天来巴黎影节办展！到时摄影中心会收藏你的一些作品。"在离开国际摄影中心去巴黎中国之家的路上，我第一次见到马克·吕布使用手机，激动地在打电话，孙国富告诉我，他在向夫人凯瑟琳汇报，一贯严谨得挑剔的戴乐比尔，对吴家林赞赏有加，顺利通过了审查。

1996年10月初，我带着"中国·云南"摄影展的底片再次来到巴黎。马克·吕布告诉我，"这次给你安排在影展承办方——'中国之家'的主管法比燕女士家里住——她会讲流利的中国话，方便影展工作的沟通。"法比燕将巴黎老街上500多年历史的住宅让给我住，她回到风景优美的乡村别墅中去。马克·吕布

::马克·吕布与摄影家王福春。吴家林摄/上

帮我联系了巴黎一所艺术学院的暗房，管理暗房的是一位犹太中年女技师，她为我提供了她私人放在教学暗房里的徕兹放大机。见面第一天，我送了《云南山里人》给她。次日她告诉我，我送她的书太精彩了，昨天乘地铁回家，一路翻着看，到站竟忘了下车，一直看到终点站……

我每天从住地到暗房大约需要步行一小时，这让我每天都能穿行在新、老巴黎神秘的大街小巷中，不失为一种饱眼福的享受。影展照片的放大，由我一人承担。但选片、品质的认可，则由马克·吕布和戴乐比尔说了算。倘若放大照片有瑕疵，他们会提出重放，直到满意为止。他俩亲自参加现场布展，所有布展人员全听他俩的指挥。实际上我一个"山里人"在享受着世界顶级策展人的指导，我当时并不懂得。

11月7日，吴家林"中国·云南"摄影展开幕式在巴黎中国之家展览厅隆重举行。马克·吕布亲临现场祝贺，并见证了徕卡公司举行的赠机仪式（赠送给我：徕卡M6及35mmf1.4非球面相机的镜头）。我拿着相机，很兴奋，说了一句，我相信我将会用这台相机拍出更好的作品来。赠送相机的徕卡公司公关部经理说："吴先生，像你这样的摄影家，你用世界上的任何照相机都能拍出精彩的作品来。你能用我们的徕卡，是我们徕卡公司的荣幸。"听了此话，我很敬佩和感动，徕卡公司不光是照相机品质卓越，员工的素质也是一流的。

影展开幕后大获成功。承办方负责人告诉我："吴先生，我们巴黎几乎每天都有上百个影展，开幕式往往成为见朋友喝咖啡、喝酒聊天的场所，真正来看照片的人并不多。而这次您的作品吸引人了,互相传本届影节这个中国人的最好,参观的人一天比一天多。"一位《巴黎晚报》的摄影记者在留言簿上写道:"杜瓦诺在法国,吴家林在中国,他们都是摄影天才。"

4

记得1996年3月下旬的一天,我第一次住进马克·吕布家里,次日早上他找了一位会说中国话的法国女摄影师来陪我,我们三人打的士到凯旋门,一下车,马克诙谐幽默地说:"今天带你出来拍照片,我们小小的法兰西你就将就点了,不像你们具有5000年历史的泱泱大国……"我尴尬地笑笑。

我明白他热爱中国,对中国十分友好。他曾想将法国的摄影节引入中国。我离开他的家才3个月,一天,时任中摄协分党组副书记陈淑芬,忽然从巴黎马克·吕布的家里打来电话:"家林,我现在在巴黎马克·吕布家里,他非常喜欢你的摄影作品,我在他家看到了你的《云南山里人》。我们将考察一下法国的摄影节……"

我欣喜地感到马克·吕布用心良苦,他在一步步实现他的中国摄影节之梦。

很遗憾,马克·吕布陪同陈淑芬考察了法国有关摄影机构及著名的国际摄影节后,陈淑芬却没有勇气在中国开创举办国际摄影节。而是以中摄协的名义邀请马克·吕布在北京举办影展来表示对他邀请的回报。

9月，马克·吕布写信告诉我，他10月将在北京中国美术馆举办马克·吕布"中国40年摄影展"，让我带上妻子来北京相见。

马克·吕布的"中国40年摄影展"，策展人是时任法国国家摄影中心主任、"摄影黑皮书"主编、布列松终生艺术顾问戴乐比尔。他系着白围裙，戴着白手套，手握钢卷尺，爬高上低，在展厅里挂照片。吃饭时，展览部工作人员给他带来盒饭让他在布展现场用餐。我告知工作人员戴乐比尔在法国的身份地位后，他不解地问："怎么他要亲自干活不指挥下属干？"我在布展现场，向戴乐比尔转告了这个问题。他说："指挥别人干活比自己亲自干更加麻烦伤神。"

影展开幕那天，我刚走到美术馆门前，就见一辆的士在我旁边停住，车门打开，下来的人是肖全。这时马克·吕布忽然出现在我身边，一手搂着我往前走着，被肖全发现后他直向我们走来，几位影友抬起相机要给我俩拍照，马克顺势用手将肖全搂在另一边，影友拍下了马克左、右手搂着我和肖全的三人合影。

直到2000年，马克·吕布的外甥阿兰·朱利安夫妇来到洛阳做外教，意外认识了当年山西《人民摄影》报总编辑司苏实，谈到是否在中国创建国际摄影节，两人一拍即合。之后考察了平遥古城，并拍了视频、照片带到巴黎让马克·吕布看，马克看后欣喜若狂，认为这是最适合办摄影节的地方。

2001年秋天，由平遥县政府主办、《人民摄影》报承办的首届平遥国际摄影大展开幕了。阿兰·朱利安任艺术总监，在马克·吕布的亲自指挥下，邀请了世界久负盛名的几十位大师级摄影师前来办展，让中国摄影人大饱眼福。马克写信给我，一定要来办展。还说我们俩的展厅分别安排在县衙左右厢房里。我亲自用银盐相纸手工放大的40幅照片在"吴家林·黑白人间"摄影展中展出。《拉家常，成都，1999》这幅前年拍的新作，也在此亮相，让马丁·弗兰克等玛格南大师们围观此作。影节期间，还组织了玛格南多位大师的精彩讲座。

首届摄影节很成功，但没经费支持。马克曾给我观看一批黑白照片，画面极为抽象，拍摄组装平台上的各种各样的线条、线圈，神秘梦幻。后来我才知道这是他免费为法国阿尔卡特公司拍摄的一部分年报照片，目的是让阿尔卡特公司从2002年起，每年赞助平遥摄影节20万欧元。

第二届，有了经费支持，规模、质量不亚于首届，摄影节得到更规范健康的发展。设立了各种奖项，提升了参展摄影师的积极性，让优秀的摄影师实至名归。

第三届，由于众所周知的原因，司苏实、马克·吕布、阿兰·朱利安离开了摄影节，阿尔卡特的赞助款已经打入，这是该公司的最后一次赞助。

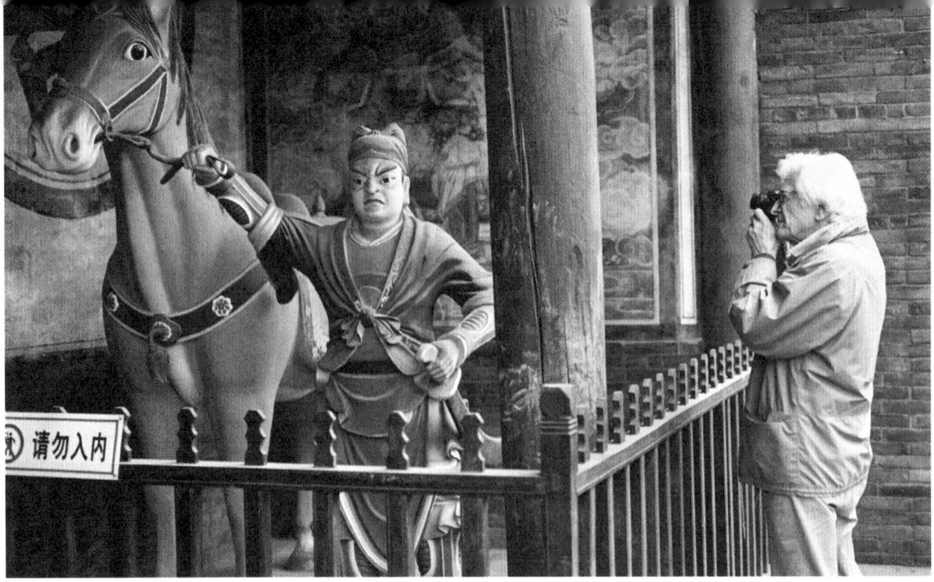
请勿入内

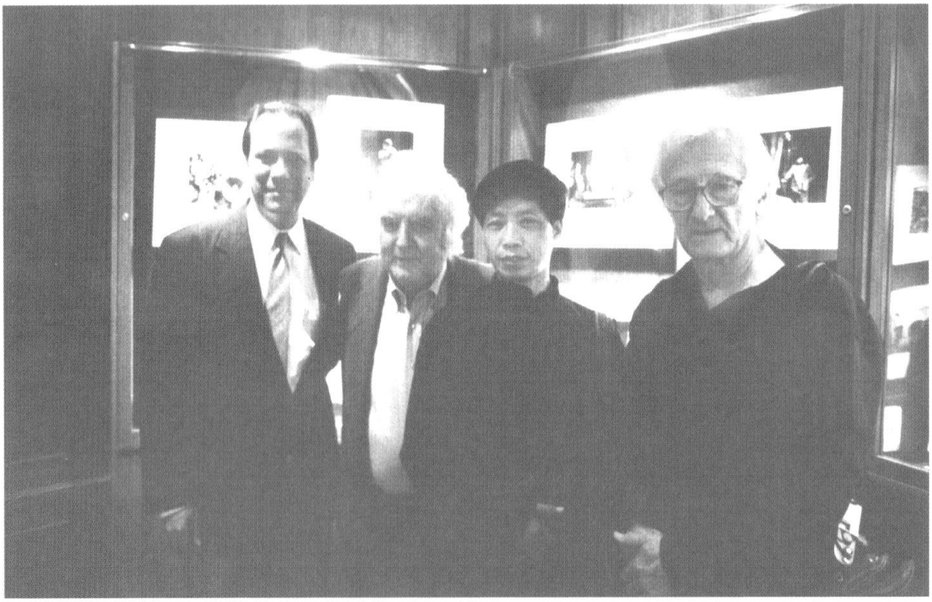

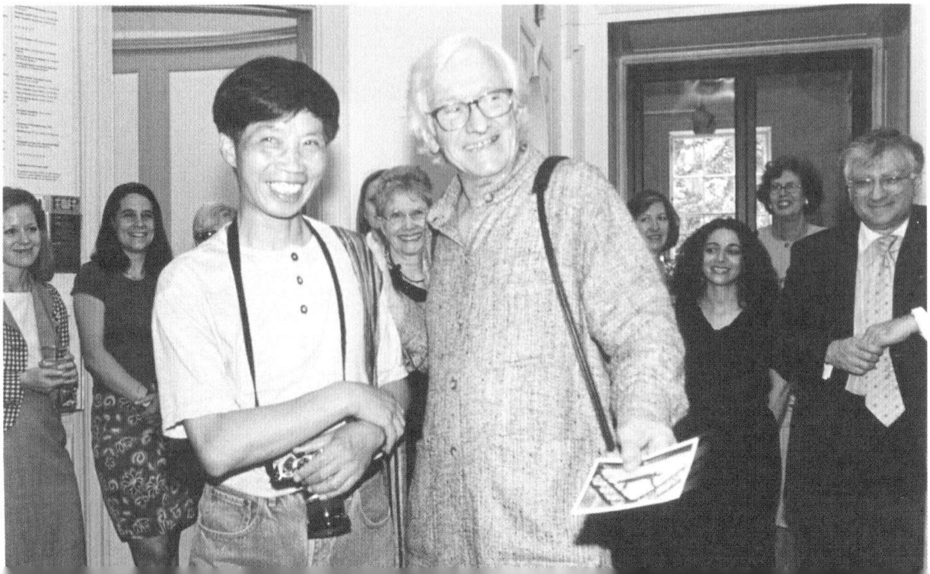

5

　　1997年6月,受纽约国际摄影中心(ICP)的邀请,我与马克·吕布在该中心举办摄影展。同时我还受美国琼斯母亲基金会的邀请,参加7月在纽约地理博物馆召开的"琼斯母亲基金会人文纪实摄影奖"的颁奖典礼,我是第一个获此奖项的中国摄影师。获奖的《云南山里人》一组16幅作品,在纽约联合国教科文组织展厅展出了一个月。

　　我在纽约国际摄影中心的暗房工作了一天,因暗房有教学任务,该中心又为我租用工作1小时付7美元的商业暗房使用。我在西方见识了形形色色的暗房设备,受益匪浅。

　　这次马克·吕布住在离ICP不远的一家五星级酒店,他的小儿子德奥和纪录片摄影师与他住在大套房里,要明天才到纽约。马克·吕布留我与他住一晚。刚进房间,就见西装革履的酒店服务生,右手高举着一件十分讲究的蓝色上衣,上衣内外均衬着用灰白棉纸剪成的两件棉纸衣服,保护着洗涤晾干后的蓝色上衣。我惊讶地发现,这是我从大理花35元人民币买了送他的。这是当地人用一种叫板蓝根的植物染料染成的蓝色,着水洗涤就会掉色,污染其他衣物。聪明的纽约人剪了两件棉纸衣服内外衬着,就是防止掉色污

::2001年,马克·吕布在平遥古城。吴家林摄/上

::1997年,纽约国际摄影中心的新、老主任,马克·吕布与我在"云南山里人"展厅合影/中

::1997年,纽约国际摄影中心办影展,在正式的开幕式之前,要分别举行几个开幕式("小赞助人开幕式""大赞助人开幕式""媒体人开幕式")。这是马克·吕布在"小赞助人开幕式"上将我介绍给观众/下

染其他衣物。这次的洗涤费也许能买10件这样的衣服了。后天马克·吕布将穿着这件人民币35元的蓝色上衣，隆重地出席他在纽约ICP的摄影回顾展开幕式。

6

1996年11月，我在巴黎摄影节的影展，布列松看到后，很喜欢《进入尼西乡的小路，云南香格里拉，1996》。马克·吕布告诉我精放一张12英寸的照片，布列松要，并说："这事对你很重要。"我当即拜托马克·吕布转交这张照片给布列松。

2002年12月中旬，我参加了香港中国旅游杂志社组织的到贵州苗寨采风的活动。一天上午，我在贵州苗寨拍照，马克·吕布忽然从巴黎打电话到我的手机上："Wu……"我知道这是他的声音，一定是有急事找我。我将电话递给身边的贵州省社科院的一位研究员，求她用英语问问有什么事。可惜马克·吕布听不懂她的英语，只好挂断。15分钟后我接到上海摄影家罗永进的电话，马克·吕布刚才从巴黎打电话告诉他，要他立即转告我：布列松要我的《拉家常，成都，1999》的一张12英寸的精放照片，限我4天之内一定要寄到巴黎马克·吕布家里。"这事对你很重要！"我茫然不知所措。我回到昆明，再快也要两三天时间，还要找底片，放大……无论如何4天时间寄到巴黎是赶不上了！我的心中一时充满了遗憾。我魂不守舍地游荡着……忽然，我想到出差那天，要离开家门时，快递员送来一个国外的大邮件，我顺手放在鞋柜上面了。是不是英国PHAIDON出版社出版《世界100位摄影新锐》退回的入选制版照片？如果是，一定有12英寸的《拉家常》！我立即拨打家里人的电话，果然就是英国的退稿，《拉家常》正好在其中。当天联邦快递上门服务，于第4天按时寄到巴黎马克·吕布家中。司苏实的女儿墨墨正好住在马克·吕布家。以下是她写的日记：

突然门铃响了。凯瑟琳去了一会儿，拿了个大包裹回来。她笑眯眯地把它递到我面前让我看，竟然是摄影师吴家林从中国寄来的。凯瑟琳向马克解释了一番，马克连连点头，却没立即打开包裹。早餐后，突然听到马克叫："墨？来，到我的工作间来，我们工作。"马克一边说，一边走进办公间。然后马克拿出了那个包裹。"你把它打开。"马克说。我突然觉得好有趣，和一个法国老人面对面坐着，我当着他的面打开一个来自中国的神秘包裹。这个大包裹被胶布封得严严实实，马克递给我一把美术刀，说小心不要把手划了。我轻轻裁开，打开盒子，从里面掏出另一个同样包裹严实的盒子，只不过这个盒子是泡沫塑料的。我又沿着边小心地裁开，里面夹着两片红色的硬纸板。我再轻轻打开硬纸板……这时电话响了，马克拿起电话。而我看到了这个邮件的核心内容——一张照片，一张黑白照片。马克接完电话，我把照片递给他。他一边仔细看，一边说："印得多好呀，这是卡蒂埃-布列松叫吴家林寄来的他的一个老作品。"马

::贝聿铭应邀参加马克·吕布和我的影展开幕式/左上

::吴家林与马克·吕布一道为观众签名/右上

::在马克·吕布和马丁·弗兰克的陪同下,我在布列松摄影博物馆会见了盖蒂基金会主席韦斯顿·纳夫。吴月华摄/左下

::2010年3月初,我们如期赶来上海,这是我们最后一次见面。令胡歌摄/右下

克又拿起了他的相机，说："我要拍一些照片，让吴家林知道，是你当着我的面打开了他的包裹。"我举着那照片，马克对着我飞快地照了几张，问我是否看到闪光，我说看到了。马克调整了一下，又照。

读了这段文字我情不自禁地泪目了。这是《布列松的选择》在选择吴家林的代表作啊，马克·吕布收到这张照片的过程有一种仪式感，他是如此地看重我的入选。布列松两次挑选我的代表作时间跨度8年，恰好证明他策划实施《布列松的选择》起码是8年以上的时间。这张照片是"赶末班车"，画册已经发到印厂，印刷之前用《拉家常》将《进入尼西乡的小路》更换掉。布翁是何等认真严谨啊！

直到2003年春天，我收到布列松夫人马丁·弗兰克寄来的《布列松的选择》画册后才真正明白马克·吕布多次强调的"这事对你很重要"的具体含义。当我从封二上看到入选人名单时，我的名字居然被排列在一贯令我十分敬重佩服的摄影大师之列，我握着画册的手忍不住地颤抖着……

7

2004年，在马克·吕布的引荐下，法国蒙彼利埃市政府给我发出邀请函，金秋十月，在"法中文化年"期间，在该市法布尔艺术博物馆，举办马克·吕布"中国摄影50年"和"吴家林·人文环境中的动物"摄影展。

我这批作品是2003年由云南省委宣传部外宣品制作中心主任吴坤策划、外宣办主任张德文批准，由我沿云南边境线行进一万多公里、2003年底至2004年初历时100天拍摄完成的。2005年出版了外宣画册《瞬间边地》。

马克·吕布帮我挑选了这批作品，他非常喜欢，特意将7英寸小样片重新扫描放大成12英寸，并编辑成一本110多页的简易画册供巴黎的摄影朋友欣赏。他告诉我：照片正式给人看，7英寸太小气；12英寸才合适。

寇德卡看完马克·吕布编辑的简易画册后问我："这批照片你拍了多长时间？"我答："100天。"他激动地说："不可思议！100天你竟然能拍出这么多精彩的照片来？我们西方人要做像这样的一本画册，至少也要一两年！"我说："这是中国国情，规定的时间内我拼命也必须完成。"

2004年11月初，我和老伴从蒙彼利埃来到巴黎。11月7日上午我们刚走到卢浮宫附近的商店门口，迎面走来一群披着黑头巾的女青年，忽然其中一人一把就抓住我挎在脖子上的徕卡相机，试图把它从我脖子上挣走。

我紧紧抓住相机皮带，用力甩，终于摆脱了窃贼。我立即拉着老伴穿过马路，迅速往卢浮宫方向跑，见到人多的地方就钻进去。万万没料到，这里是一年一度的巴黎Photo——全球最大的画廊照片市场开幕。门票16欧元，我拿出我和马克在法布尔博物馆办展的请柬后，享受了免费票。这个意外，让我大开眼界，我从未见过如此规模的各家画廊的商品照片展览，保守估计接近千个展位，我绕了5个多小时，一半都没有看完。

　　我重点选择风格各异的玛格南摄影师的经典黑白作品欣赏。看到有一家专门展出布列松、马丁·弗兰克的黑白作品时，我在画廊老板的桌子上细心地打开随身带着的20英寸《拉家常》，他一见此照片惊喜地比着手势告诉我什么，品味很久后拿出一张纸写上"800€"。我不想讨价还价，写下"ok"。付款。今天如此神秘令人惊讶的缘分，我得顺其自然地玩下去。更令人想不到的是这位画廊老板，居然是马丁·弗兰克的弟弟（布列松的内弟）。这张照片他在"布列松的选择"影展上看见过，所以买到照片后立即兴奋地打电话给他姐。更巧的是，马丁·弗兰克正在与马克·吕布一起用餐，她立即将此事告诉马克·吕布。马克高兴地将此事告诉他的朋友，只会讲中国话的吴家林独闯巴黎Photo，将布列松选择的他的代表作《拉家常》卖给布列松的内弟，厉害得令人不可思议！

　　在法布尔艺术博物馆的开幕式上，我从中国带来的8本刚出版的《吴家林·时光》，不到10分钟就销售一空。万万没想到的是，其中一本竟然被戴乐比尔的夫人莎拉·莫恩买下。她将《时光》带回家，被戴乐比尔看到后，他立即打电话给马克·吕布："吴家林还在法国吗？我要与他见面。"马克·吕布当即与他约定了与我见面的具体时间和地点。事后他兴奋地说："吴家林这次有戏了，戴乐比尔平时都怕见人，一直在回避主动找他谈出版自己'黑皮书'的人。"

马克·吕布曾告诉我，他的次子阿莱克斯（Alexis）正在Faits et Causes画廊（"黑皮书"办影展的画廊）举办图片展，展出的是他在南非的照片，创意很好而且很成功，很漂亮，但遗憾，戴乐比尔未能借此机会给他出一本"黑皮书"。戴乐比尔与马克是多年的老朋友了，但他们朋友归朋友，艺术归艺术，分得清清楚楚，彼此相互尊重。戴乐比尔的人品、艺品、眼光是"黑皮书"成为世界摄影经典出版物最重要的原因。与戴乐比尔见面的头天晚上，马克·吕布请翻译赵小芹和我来到他的书房，做次日与戴乐比尔见面的相关准备。马克·吕布告诉我，见戴乐比尔时尽量少说话，不要向他提什么要求，他讨厌功利心很强的人。他手上已经有《云南山里人》和《时光》了，再把这本新作品带给他看。最后，连我应该穿那件红色中式衣服去他都作了安排。

2004年11月中旬的一天上午，在赵小芹女士的带领下，我来到巴黎戴乐比尔出版社。一推开玻璃门，迎面的屏风上挂着寇德卡那幅曾令我非常喜欢的《堤岸巨石与小鸟》约一米大小的银盐照片，顿时让我感到这是一家非凡的顶级摄影出版社。工作人员早就知道我们要来，引我们进入二楼戴乐比尔宽敞明亮的办公室里。互相问候坐下来后，戴乐比尔就指着旁边的小桌上堆放着的书籍、文件说："布列松走了，我正在编辑《布列松全集》，他一生大部分的照片、展览、画册等都是交给我编辑的。"

他的办公桌上放着我的《云南山里人》和《时光》，这次我又将马克·吕布让我带来的110多张新作品奉上。他认真翻阅着这些新作品，翻阅了不到一半，他抬头望着我说："我打算将你列入黑皮书的出版计划，你有什么想法？"我说："这是我做梦也梦不到的事情。感谢您喜欢我的照片。今天我终于有机会面对面地请教您了：我一生酷爱摄影，自学摄影，全凭感觉摸索着拍照。请您告诉我，我的照片还有什么不足和问题？"我直率唐突的提问令他半天说不出话来，停了大约3分钟，他才开口说："你的照片拍得这样好了还来请教我？"停了一会儿他接着说："如果要我给你一点建议，你一定要坚持你来之不易的摄影风格，勤奋地不断拍下去，拍下去……"

:: 2010年，上海和平饭店内。令胡歌摄/上

回到昆明，我按照戴乐比尔的要求，重点挑选"人文环境中的动物"照片，精放了125张寄给他。最后他挑选出68张编辑成《中国山里人》（法文版）袖珍摄影"黑皮书"。

戴乐比尔是世界上一位伟大的天才摄影编辑，他生前亲自挑选照片、编辑出版的160多本经典摄影"黑皮书"就是最好的证明。寇德卡的《吉普赛人》、弗兰克的《美国人》，都是因他帮忙选片、编辑出版了影集后，这两位摄影师才名声大震。

这次由他亲自选片、编辑出版了我的"黑皮书"《中国山里人》，成为我向他学习选片、编辑最好的"教科书"。他的图片编辑排序让我感受到如音乐的各种节奏，时而舒缓，时而起伏，时而跳跃，时而激昂，推向高潮后戛然而止，让人回味无穷。

我们评判摄影作品，往往无视摄影语言本身，普遍重视"拍什么"，轻视"怎么拍"，让照片流于平庸的记录。但只要照片能与政治学、社会学、人类学、民族学沾上一点边，再平庸的照片也会被认为是"好照片"。这成为当下国人普遍评判照片优劣的标准，这与发明摄影术的西方，很难真正去"接轨"。戴乐比尔在《中国山里人》（法文版）"黑皮书"后记中是这样评价我的摄影："正如我们也为这些作品所深深吸引，尽管记录的既非民族风情展示，也非人类学探究，却包含了极其丰富的图像语言。"图像语言才是评价摄影作品最重要的尺度。

8

2010年2月，我正在为《秘境临沧》画册在大山之中奋力拍摄。这是我与临沧市委宣传部的一次难得的合作机会。马克·吕布忽然来了两封电邮，告诉我，3月初他将在上海美术馆举办一个大型摄影展，这是87岁的他与夫人最后一次来中国了。我一定要带上妻子一同来上海与他们最后一次相聚……

3月初，我和妻子按时到达上海。好友令胡歌前来参加我们的活动。一下飞机直奔马克夫妇下榻的万豪酒店，正赶上马克·吕布及夫人一行在酒店附近的功德林素食餐厅围着大餐桌用餐。马克·吕布一见到我，便和夫人分别与我们夫妇拥抱，策展人尚陆在场帮我们做翻译。入座后马克问我带照片来了吗？我笑着立即将随身携带着的新拍摄的7英寸黑白照片取出来，递给坐在马克身边的令胡歌，一张张地摊开给马克观看，发现A类照片他就另放一边。他还看了老伴的80幅彩色照片，不断翘起大拇指赞赏，并说："月华的照片我要带回巴黎，争取给她办个展览。"

大家一起来到马克·吕布夫妇下榻的酒店房间。他从内屋里捧着厚厚的一叠文件资料出来，坐在我身边的沙发椅上说："这是我们两人交往17年来的书信往来，我交给你。"他如此珍视我们的友谊，顿时我再也控制不住自己的眼泪。我激动地说："应该您保管啊！"他说："我已作了拷贝，原件你保管比我保管更重要！"然后他又和夫人一起领我进到里屋，从桌上的照片盒里面取出一幅他的成名作《埃菲尔铁塔

∷ 马克·吕布与我和吴月华。令胡歌摄/上

∷ 从左至右：令胡歌、凯瑟琳（马克夫人）、吴月华（吴家林夫人）、马克·吕布、吴家林、尚陆。法国电视台记者摄/下

上的油漆工》赠送给我。带回昆明后这幅作品就一直挂在我的客厅里，每天见到它，脑海中就会浮现出马克慈祥的面容来。

次日我参加由上海美术馆、中央美术学院美术馆主办（法国艾格集团赞助）的"直觉的瞬间：马克·吕布摄影回顾展"的开幕式。

开幕式大厅人山人海挤满了观众，其中有许多身挎"长枪短炮"相机的摄影师。我和老伴、令胡歌干脆选择到二楼楼厅一排去，观众不太多，居高临下好观看。只见礼仪小姐抬着装着剪刀、红绸的搪瓷盘走上舞台，一个个剪彩嘉宾也纷纷走到舞台上，红绸被一字形拉开，主持人在一个个安排剪彩嘉宾的位置。这时，马克·吕布忽然双手举起，大声呼喊："Wu……吴家林是我最好的中国朋友，这个剪彩他一定要参加！"翻译大声告诉我后，我从楼厅三步并作两步跑上舞台，马克·吕布一见到我就高兴地拥抱我，举着我的手向观众致意。我终于握着剪刀与马克·吕布一道参加了平生难得的一次剪彩。

当晚的答谢晚宴由此次活动的赞助商法国艾格集团举办。出席的有上海美术馆相关人员、法国驻沪领事馆相关人员、马克·吕布的中国摄影师朋友、艾格集团的相关人员等50多人。

最初，大家一直在餐厅休息室聊天，到用餐时间，大家纷纷起身要入座时，马克·吕布忽然发现落地窗外漂亮的夜景，便不停地拍摄起来。主角站着不停地干活，这几十号人也礼貌地候着，谁也没有入座。他一拍起来就忘记一切。见策展人尚陆与马克夫人嘀咕了一句，夫人便上去请马克入座。马克转头大声说了一句话。尚陆笑着给大家翻译："我就没有自由吗？你们吃你们的啊。"没法，众人只好又等了一会儿，他仍没有要停下来的迹象。最后马克夫人提议全场一起鼓掌，马克才不好意思地嘟嘟囔囔地入座。

次日，马克·吕布让我们早餐后到他的客厅去。一见面他就说："我此次来，主要是能与你相见。我们的相见，比昨天的事重要！"接着，云南电视台著名编导范志平先生携女儿、女婿到场采访了马克·吕布，他激动地说："生活很神秘，在所有的相遇里，有些原因并没有道理可讲，别让我解释神秘是些什么原因。"马克边用手比画宇宙，"就是一些不会出现第二次的事情。我有很好的运气遇上了吴家林，可能他也会认为他也有很好的运气遇上了我。我感觉我们两个人的关系就像是孪生兄弟一般的朋友，我们是孪生兄弟。然后，从某个时候开始，我们说我们不能再分开。"说完，马克把左右两手扣在一起。

法国电视二台记者采访我，同样对我与马克·吕布的关系很感兴趣。我说："是上天对我们俩的眷顾，因彼此的摄影而相互吸引，如马克夫人所说，我们是两个志同道合的摄影疯子。我们的友谊如孩童般单纯。"

2016年9月，马克去世，我写了《沉痛悼念恩师马克·吕布》一文纪念，马克夫人读到此文后致信给我："您和马克的相识对马克来说同样美好。他非常高兴能发现并帮助到您，因为他喜欢以视觉和人性的眼光去发现事物。与您的友谊对他来说很重要。而您取得的成就、出版的书籍和举办的展览也使他欣悦不已。"

吴家林

2023年8月于昆明

马克·吕布：生活、历史和艺术

吴毅强

马克·吕布这个名字，在中国摄影圈早已如雷贯耳。如今，他已驾鹤西去。马克·吕布拥有漫长而丰富的人生，对于这样一位摄影师来说，什么样的词比较合适概括他？什么样的词语才是不浅薄和偏颇的？

我首先想到的是，马克·吕布是一个热爱生活的人文主义者。保罗·萨特曾说他赞赏那些"热爱人们原本的样子的人文主义者，热爱人们应该成为什么样子的人文主义者，热爱男女有限生命的人文主义者，以及热爱他们内在生命力的人文主义者"。无疑，马克·吕布就是一个热爱生活的人文主义者。在马克拍摄的海量的照片中，除了那些记录重大历史瞬间的画面，还有很多都非常富有生活浪漫气息。即便是在生活的重压之下，依然能看到那种生命的内在张力和蓬勃生气。比如，在收容所里，沐浴以后正在穿衣服的两个男童；一只正在昂首阔步的傲慢的孔雀；更不用说那张家喻户晓的照片《埃菲尔铁塔上的油漆工》（本文中所有马克·吕布作品标题均为笔者所加），繁重的体力活在油漆工人优雅快乐的身姿中化于无形。

除了热爱生活，幽默似乎也是马克·吕布与生俱来的气质。据贝特朗·埃韦诺回忆，马克有一个盒子，上面写着"可笑的照片"。这个可笑，其实更多的是一种幽默感。比如1958年在日本拍摄的镰仓，那个扎着马步的摄影师；2002年在上海美术馆前拍摄的户外雕像和儿童；还有1974年在法国巴黎拍摄的在社会党会议上的表情奇怪的官员们。这种对滑稽场面的爱好，在他的法国同行罗伯特·杜瓦诺和艾略特·厄威特的作品中同样可以看到。乐观和幽默似乎是马克·吕布摄影的底色。

所以，马克·吕布不是那种苦大仇深似的、肩负历史重担，孜孜不倦探求历史真相的摄影师。保持生命的松弛与活力，同时不失去对世界和人生的信心，或许才是马克·吕布能长久地高产的原因。

其次，马克·吕布是一个对历史和秩序高度敏感的人。这是极其优秀的特质，也是他立于世界摄影史之林的根本原因。马克·吕布从小生长在一个家底殷实的资产阶级大家庭，在7个兄弟姐妹中排行第五，他爸爸说他从小腼腆、孤僻且经常一言不发。但在他上初中的时候，一位富有洞察力的神父却预言说："他将来会学综合理工。"言外之意，马克·吕布对数学及抽象公式（形式）有着特殊的癖好。这或许促成了他摄影风格的形成。卡蒂埃－布列松曾对他说："马克，你眼里长着圆规。"众所周知，布列松异常在乎事物的秩序和结构，他认为摄影通过抓取结构，可以捕捉到某一事物的本质。他把自己形容为猎人，安静而机敏地等待图像的出现，然后获取"决定性"的具有本质意义的瞬间。

马克·吕布是布列松的学生，深得老师摄影精神之精髓。马克·吕布在几何学上有着过人的天赋，反映在摄影上，就是他对构图的极其讲究。马克擅长在快速的抓拍中构建画面图像。当然，构图是所有摄影师都十分在意的。问题在于，马克·吕布的构图有何特殊之处？和其他同时代的摄影师相比，比如杜瓦诺、罗尼、依其斯等，马克·吕布和布列松的构图风格显然是突出的，有着明确的几何构图痕迹。但这师徒二人又有什么区别呢？在我看来，布列松构图的风格更强烈，更具规划感或设计感，追求一种极致的秩序，这或许和布列松内在的哲学追求有关。他试图捕捉的是一个能代表事物本质的瞬间，追求一种绝对意义上的和谐和平衡，所以极其严谨甚至苛刻。

马克·吕布虽然也很严谨，也使用几何化构图，但很显然，他并没有布列松那样的绝对追求，所以他的画面更松弛，更优雅，也可以说更加接地气，如果说布列松是一位科学家，那么马克·吕布则更像一位以理性见长的艺术家，在科学的严谨中追求流畅和柔和。比如他1957年在北京拍摄的一位披着毛领长斗篷的中国女性，她手里拿着香烟，画面本身有些往左下歪斜，但她手里的香烟就像一个砝码一般，在深色背景的烘托下，很好地平衡了画面。再比如，他第一次到中国拍的一个在火车上，头枕在胳膊上的女人。人体和椅子耦合在一起，画面呈现一个双螺旋构图。马克·吕布把这张照片作为他认识中国的一个开端。他说："就好像演奏乐曲拉响的第一弓。就是从它起，我开始了对中国优美而又坚强的文化的长久热爱。"同样精彩的还有1965年拍摄的北京琉璃厂，从古玩店窗口向外望去的构图。这张照片就像六张小照片的组合，六个部分既相互联系，又独立呈现，非常巧妙。类似的构图在罗伯特·弗兰克的《美国人》里面也有出现。

《人民摄影》报原总编司苏实先生说道，布列松提出了"决定性瞬间"这一重要概念，但他仅仅是做到了第一步，也就是捕捉，但缺少意义的寄托，到马克·吕布这里才完成了最终意义的赋予。也就是说，马克不光捕捉了一个决定性的瞬间，还试图追求形式背后的意义，社会意义或者象征意义等等，让画面超出形式，有一个主题上的升华。司苏实据此认为，马克·吕布在这一点上拥有比布列松更重要的价值。

这就说到了马克·吕布的另一个重要禀赋，即他对历史的高度敏感。他绝不仅仅是一个追求形式、追求画面各元素和谐的现代主义者。形式背后的意义，或许才是他真正的关切所在。有一件事足以说明，马克绝非一个置身事外的局外人。1987年，德国"二战"战犯、盖世太保克劳斯·巴比在里昂接受审判。马克曾在"二战"中参与抵抗运动和游击队活动，他写了一篇文章发表在当时的《新观察家》报上，用激烈的笔触表达了自己对现实政治的看法。

马克说他是一个对国际时事敏感的旅行者。这句话包含几层含义。首先，马克热爱旅行，这可能是家族基因。在年轻的时候，马克就梦想着去遥远的东方，看看地球另一端的人是如何生活的，他们有着什么不同的价值观。从伊斯坦布尔到上海、从阿尔及利亚到越南、从欧洲到非洲再到亚洲，马克的足迹遍布全球。

其次，马克确实对国际政治时事非常敏感。他总是尽可能地第一时间出现在社会历史的现场。比如越南战争、华盛顿的反"越战"游行、阿尔及利亚的独立战争、1968年巴黎的"五月风暴"等等，都留下了他大量的摄影作品。最有名的一张是《花的力量》（美国华盛顿，1967年），一位捧花的女孩，面对着明晃晃的步枪、刺刀，神情温柔而坚定。这张照片具有超乎寻常的力量。还有一张《举拳的女孩》（法国巴黎，1968年），这位骑在男孩肩膀上的女孩，穿着长袖衬衫，挎着时髦皮包，戴着手链，举着拳头高喊口号，让人联想起德拉克洛瓦《自由引导人民》中的那个振臂高呼的半裸女神。

不过，需要注意的是，尽管马克·吕布经常出现在新闻现场，但他从不认为自己是一位记者。他始终认为自己是摄影师，或是旅行者。他要做的是到现场根据情况拍摄一些东西，而这些东西并不涉及政治观念或者明确立场，他不像一位记者那样去研究调查形势，然后试图去论证结果。他没有记者那样的新闻任务。即便到了"五月风暴"现场，他也并不预设事件的走向，而是搁置"观念"，抓住瞬间产生的那个本能，通过经营画面来传达一种综合感受，这样拍摄出来的照片一定更加关注图像本身，而不是新闻事件本身。在这个意义上，马克·吕布恢复了一位摄影师或者艺术家的身份。

换而言之，马克·吕布总是以自己的独特方式来关注时事政治。他更在意那些身处历史旋涡的人的一些根本性和永恒性的品质，他们如何思考？如何生活？如何处理那些政事，又如何忍受苦难、面对现实？无论他们是国家首脑，还是贩夫走卒。总之，他关注那些人性中永远闪烁的东西。

最后，我想说说马克·吕布和中国摄影的关系。马克·吕布对中国摄影来说无疑是极其重要的。这不仅仅指他的照片，还有他和中国摄影师的联系互动，以及他对中国摄影的身体力行的推动作用。

马克·吕布在1957年便来到了中国，成为新中国成立后首位获准进入中国拍摄的西方摄影师。这个时间点让他占尽了先机。要知道，刚经历残酷战争的新中国，可以说百废待兴，摄影当然也不例外。马克此后往返中国达20余次，贯穿新中国成立至今所有重要历史进程，经历了"大跃进"、"文化大革命"、改革开放、发展市场经济、加入WTO等重要时期，见证了中国的历史巨变。

更为重要的是，就像前文提及的那样，马克·吕布从来不从新闻的角度来观察和记录事物。这就让他摆脱了同时期绝大部分中国摄影师所习惯拍摄的套路：他们把摄影当作宣传的工具，为意识形态服务。所以，这一时期的大多数摄影和绘画一样，以"高大全、红光亮"为基调，不太具备独立价值。

马克·吕布拍摄中国，带来了全新的人文主义视角。朴实、自然、宽容、自在、无拘无束，没有意识形态的束缚。于是，他的镜头下，留下来的，就是千姿百态的普通人生，比如一个骑自行车的男人、一个穿过混凝土管道的小女孩、北京天桥上的艺人、长江上的纤夫、钢铁厂里吃饭的工人等等，即便是拍摄领袖，也毫无刻意美化之意。他们的生活、他们的状态、实实在在的影像，不夸张、不矫饰。今天说来，做到这些似乎并不难，但放在那个时代的中国，简直太稀缺了。很遗憾，马克拍摄的这些照片，长期以来并没有被大多数中国人看到，直到1989年，中国《摄影》丛刊以"中国所见"为题，大篇幅介绍马克的这些照片，这个时候，中国的纪实摄影师们才恍然大悟，摄影还可以这么拍。中国的纪实摄影也是在这个时候才开始逐渐转型，在九十年代初开始有了一个飞速发展的时期。

马克·吕布除了通过作品直接影响中国摄影，还通过和中国摄影师的交往，直接推动中国摄影的发展。比如1993年，他在深圳和张新民、吴家林、杨延康、肖全、韩磊、敬新华等摄影师会面，交流面授摄影理念，点评他们的摄影作品。后来这些摄影师陆续成为中国摄影的中坚力量。其中吴家林受益最深，他的《云南山里人》经由马克·吕布的推荐，入选法国国家摄影中心主任戴乐比尔编辑的摄影"黑皮书"，成为中国唯一入选摄影"黑皮书"的华人摄影家。

另外，马克·吕布还积极地推动中法之间的摄影交流。马克曾帮助移民到法国的摄影师王志平取出在法国出售照片的钱，并购买相机带到中国。中国的摄影节也离不开马克的帮助。据司苏实回忆，在2000年的时候，"马克让他的外甥阿兰·朱利安夫妇放弃回国找工作的计划，将全部身心投入到帮助中国摄影与国际摄影同行全方位交流的事业中，平遥国际摄影大展没有他的声望、面子——号召力，不可能一下子取得那样的成功。阿兰夫妇至今坚守这一重托。"

尽管马克·吕布用镜头记录下这个星球在20世纪发生的大部

分历史，并且往往充满诗意和哲思，但他声称自己既不是哲学家，也不是社会学家。这是一个对世界和人性充满好奇的人，一个永远自由自在、没有约束地制造照片的人，一个一辈子都在抓拍、构图，并乐在其中的人。同时，也是一个为了摄影无私奉献了自己全部才情的人。

或许，我们可以称他为艺术家。

蓝白红
——我看马克·吕布的中国摄影

:: 萧 沉

> 像法国三色旗一样
> 马克·吕布在中国的摄影
> 体现了自由、平等、博爱的观看
> ——题记

1/蓝

在中国，马克·吕布（Marc Riboud）是继布列松后，被我们关注并谈论最多的法国摄影家。半个世纪以来，他留给中国的照片大概也是最多的。玛格南麾下的摄影师，在奔赴世界各地时，都会不由自主地想到一个提醒，就是以"图片故事"的立场去拍摄自己的所见所闻。而什么是"图片故事"呢？就是一连串彼此能发生联系的组图。但1956年底，马克·吕布从香港坐火车进入内地后，面对陌生而新奇的中国，几乎不知所措，更无法默认什么主题，只能随走随拍，完全是狙击手式的即兴摄猎，其实也就是今天的"街拍"。街拍是一种难以预料的发现与选择，因为你不会预先知道自己能遇见什么人、什么事、什么场景。所以，当有人问他怎样才能得到自己想要的照片时，他回答说："我怎么知道我想要什么？摄影是一场遭遇，一次意外。"

二十世纪四五十年代聚集在玛格南麾下的摄影师，基本延续的是新闻报道类的社会人文纪实摄影形态，且大都喜欢使用35毫米的轻便小相机。创始人之一的布列松，早期就是用35毫米小相机为新闻媒体拍快照的，他被誉为"现代新闻摄影之父"。罗伯特·卡帕和戴维·西蒙本身就是战地摄影记者。乔治·罗杰则是供职于英国BBC的摄影记者。而马克·吕布也喜欢使用一部轻便的徕卡，他在1953年拍下那幅《埃菲尔铁塔上的油漆工》后，很快成为为美国《生活》杂志拍摄图片故事的摄影师及玛格南成员。

但我们会发现——马克·吕布第一幅发表于《生活》杂志的《埃菲尔铁塔上的油漆工》，并未完全倾向于新闻报道类的客观记录，而是对从事危险高空作业的油漆工加入了较为主观的"美化"，他看上去简直就是一个"快乐浪漫的空中舞蹈者"。而《生活》杂志对新闻报道类纪实摄影的选择和录用，也并不拒绝游离于客观现实的主观审美。其实早在1938年，罗伯特·卡帕在武汉拍下的那张仰视中国的十五岁士兵的半身照能登上杂志封面，便已表明了新闻报道类摄影在视觉审美上的主观性与宽容度。

在香港至广州的短途火车上，马克·吕布拍下了第一张有关中国的照片。那是一位倚靠在车厢座椅上的黑衣女人，并无表情，想着心事。她虽赤着脚，装束却干净优雅，颠覆了马克·吕布以往所听闻的对中国人落后与邋遢形象的认知。但那时的香港之于大陆内地，完全是两个世界，而黑衣女人显然不具有大陆内地人生活形态和气质形象的普遍性。

马克·吕布发表的报道中国之行的第一张照片，是1957年在北京街头拍摄的。他根本没意识到那个头戴貂皮帽，身穿皮棉袍，坐在三轮车上的白胡子长者可能是中国大陆最后一代"资产阶级贵族"了（包括另一张手夹香烟，头戴毛线帽，身穿貂皮大衣的贵妇街头照），更意识不到一场轰轰烈烈的反右派斗争即将到来。马克·吕布来得真是时候，不亚于1948—1949年在国共政权更替之际来到中国的布列松，同时也掀开了对外已封闭了七年的新中国一角。

他在中国足足逗留了数月之久，游历了北京、辽宁、甘肃、上海、湖北、四川诸地，所摄图片也渐入佳境。而我看他1957年拍下的中国，虽是东鳞西爪的即兴碎片，串联起来却也足以反映新中国改天换地七年来的城市、乡村、工厂、学校、商业、民生、劳作乃至高层外交等情状。从社会人文纪实摄影的立场上讲，我当然不愿像某些策展人那样把它们视为"艺术"，而且，一旦将这种摄影视为"艺术"，其实是对社会人文纪实摄影的一种"贬低"乃至"侮辱"。在保持摄取客观实相的同时，兼而注入拍摄者个人审美与思想的主观心相，实乃与艺术无关。正如美国摄影家拉里·克拉克说自己在拍照时"从未想过这是艺术"一样。"艺术"之于人文纪实摄影显然非常可疑，因为艺术是百分之百的绝对主观，甚至可以"无中生有"地进行"创作"，并没有义务呈现和证明客观存在的世界。

就人文纪实摄影而言，自由自主地拍摄，是作为一个独立摄影师的基本底线，尤其对浪漫无羁的法国人来说。1957年4月，毛主席在北京饭店宴请来访的波兰部长会议主席约瑟夫·西伦凯维兹时，34岁的马克·吕布作为唯一进入宴会厅的外国摄影师，曾被告知不得正面拍摄伟大领袖。但他还是在宾主寒暄的觥筹交错中悄悄拍下了一张毛主席的正面照。照片中的领袖眼神正对着镜头，显然看到了举着相机的马克·吕布。但照片拍得很从容，领袖的身姿也很正，并无慌乱抓取的紧张感。

这一年他在中国拍下的照片，几乎半数以上成为后来从事人文纪实摄影的中国摄影师们的教科书式的范本。诸如北京的天桥艺人、穿裘皮大衣的贵妇、三个小女孩的背影、北大舞会上戴口罩的女子、长江纤夫、中央美院的雕塑课、八达岭长城的军人合影、站在天安门背景布前留影的父子等等（甚至也包括给垂垂老矣并在当年九月病逝的大画家齐白石留下了最后一张遗照）。今天我们看这些驾轻就熟、举重若轻的照片时，或许不觉得有多少难度，也不会大惊小怪。不，人文纪实摄影的"难度"不在于操作相机的摄影技术，而在于自由独立的思想立场与审美倾向。

从"中国知名摄影家档案网"存盘的同时期图片看，我们的前辈摄影师中，李仲魁拍的是国庆阅兵和中央高层领导人的外交、视察、会议照；牛畏予拍的是领导人和各领域中的名人照；齐观山和吕厚民拍的也是围绕领袖和国家领导人的活动照；马昭运拍的是讴歌各地军民劳动生活的宣传照（场景多为摆拍）；尹福康拍的则是舞台上的戏剧剧照；晓庄拍的是讴歌合作社和大炼钢铁的宣传照；张甸拍的是讴歌知识分子下放和铁路人员工作照；陈宗烈拍的是讴歌西藏地区的宗教活动与幸福民生的照片；茹遂初拍的是讴歌新疆维吾尔族的歌舞生活照；魏德忠拍的是讴歌人民公社社员的劳作照……总之，这些片子都有一个共同特征——属于带着讴歌社会主义新中国命题和任务的宣传性拍摄。

而1956—1958年间的中国，都有什么大事呢？一是"简化字方案"公布了；二是年轻的资本家纷纷表决心反对不劳而获；三是毛主席提出了"百花齐放、百家争鸣"的思想方针；四是鼓励农村大力发展养猪事业；五是肯定"大鸣、大放、大辩论、大字报"的四大；六是整风运动开始；七是出台了"右派分子划分标准"；八是号召全民"除四害"；九是"大跃进"及大炼钢铁全面铺开并推向高潮……

我还是把镜头换回法国人这边来说吧，有意思的是——当马克·吕布离开1957年的中国，转身前往日本及菲律宾等地继续拍摄时，嗅觉灵敏的布列松接踵而至，闯进了"大跃进"的1958年。三个月的行程，他在相关人员的陪同下，游历了北京、上海、福建、成都、新疆、沈阳、鞍山等地，所摄取的部分黑白和彩色照片则发表于当年的《生活》杂志，且是以"新中国内幕"的大标题隆重推出的。

在那个时代，有限几位外来摄影师的"旁观"，显得格外异样。因为他们对中国的观看与选择，迥异于主流媒体的宣传立场和步调一致，是完全个人化的自由摄取。但遗憾的是，无论马克·吕布1957年所拍的，还是布列松1958年所拍的，当年的国人皆无缘看到。1989年，当中国的《摄影》丛刊以"中国所见"为题，用了11个版面推介马克·吕布的中国图片时，这些迟到了许多年的中国写照，才引起巨大反响。

2/白

马克·吕布1965年第二次来中国，又是一场大运动的前夕。而这前夕也还伴随着另外两场正在进行中的运动，就是"四清"运动和"抗美援越"。马克·吕布在北京大街小巷能直接看到的是有组织的群众大游行和活报剧演出，包括高举标语和红旗列队行进的大中小学生。轰轰烈烈的"抗美援越"运动当然不是只喊喊口号或发动群众游行，而是切实派出了支持部队和军事物资。当年官方的统计报道说，截至1968年，中国进入越南的部队已达32万余人。作为以新闻报道见长的纪实摄影师，最期望遇见"社会事件"。而大规模有组织的群众运动，在时间节点上也正可反映中国的时代脉搏与印迹。由此，马克·吕布在北京也不失时机地拍下了一大堆"抗美援越"的运动场景。

当然，除此之外，他顺便也游逛了北京大学、中央美院和王府井、琉璃厂等地，尤其是在琉璃厂一家古玩店里拍下的那张照片——透过六块门窗玻璃，呈现了街上的几个女孩和对面闲坐的三两位老人。此照片虽无深意，在街拍形式上却为我们提供了一种分隔构图式的审美观看，且歪打正着地契合了中国书法习字格般的传统文化样式，可谓神来之笔。形式主义的构图，都是在不露声色的人文纪实观看中发现并达成的，马克·吕布深谙此道。他1952年（29岁）在纽约拍摄那张从铁甲船体两个小圆洞窗口向外张望的船员和厨师的照片时，便已练就了这样的审美。

1965年马克·吕布拍摄的图片，给我印象深刻的还有好几张，诸如北京民事法庭正在判决一对夫妇的离婚、坐在马恩列斯像下会议桌旁的女人、沈阳街头肩扛木头枪的小学生队伍、黄土高原上身穿打满了补丁的衣服并正用锄头刨地的男子、上海街头与路墙"大跃进"宣传画反方向行走的扎围裙的人、山西乡村头戴解放帽手拿《中国青年报》的女青年……其实，最值得中国摄影人留意的，我以为该是他在北京某照相馆影棚里拍下的那张照片——坐在摄影师与相机前，身穿棉大衣、头戴棉帽子的一位军人，眼睛显然是因眨眼而闭上了，这在中国摄影人来看，应属"废片"，必须重拍一张睁眼的，甚至会等旁边那位摄影助手走出画面才行。但马克·吕布不在乎，他要的就是拍照正在进行时的现场感。这种"螳螂捕蝉、黄雀在后"式的观看与摄取，他1957年在北京露天照相摊儿就拍过一张。此类图式也被后来的许多中国摄影师学去了。

摄影是我们与这个世界平等相视的媒介，你选择框取了什么，照片上便会留下什么，不会多也不会少。摄影的平等也体现于拍摄者的思想立场、人文关怀、审美素养、普世价值以及对客观世界的尊重。摄影不是镜头的暴力和强奸，不是摆弄这个世界、命令这个世界、呵斥这个世界。我们在马克·吕布的中国观看中，看到的是平和与宽容、真实与智识。他不会让你摆个姿势再拍，不会命令你笑得阳光健康一些，更不会干预和摆弄场景，对人物与景物加以修饰。我们看他1965年在广西拍回的插秧农民、在湖北拍回的学生与农民一起劳作、在四川拍回的肩扛铁锹和扁担的军人，就没有笑成开花馒头的，脸上挂着的就是真实的疲惫甚至并无表情。即便在领袖的家乡韶山村，他拍的纺线女和老婆婆，也没有灿烂的笑容，屋内的光线甚或也较昏暗。

其时，先马克·吕布一步，也还有另一位玛格南的法国摄影师勒内·布里在1964年造访了中国，而中法建交也在此年元月。这一年还有什么大事吗？有的：一是掀起了"工业学大庆，农业学大寨"运动；二是大型音乐舞蹈史诗《东方红》在北京上演；三是《毛泽东诗词》出版；四是成功爆炸了第一颗原子弹；五是首次提出"四个现代化"；六是北京160万人高举"越南必胜，美国必败"的标语上街开始了"抗美援越"的游行活动……勒内·布里从1964年的秋天一直逗留到1965年马克·吕布来之前才离开中国。他原本是一个军事摄影师，但其摄影也不乏诗意般的叙事。他拍摄的颐和园昆明湖十七孔桥前的残荷枯条、河南巩义宋陵的石像前扛着铁锹的农夫、广州街头戴解放帽穿中式制服男子的凝重眼神等等，都给我留下了深刻印象。

勒内·布里的中国之行，游走了北京、内蒙古、辽宁、上海、浙江、河南、陕西、江西、广东等地，拍下了许多令人过目难忘的好照片。他与马克·吕布、布列松三人，很像大仲马笔下的"三个火枪手"，以摄影的方式不约而同地捍卫着"自由、平等、博爱"这枚闪亮的钻石。他在古巴所拍的嘴叼雪茄的切·格瓦拉形象，其片比虽是36比1，却要比阿尔贝特·科尔达经过剪裁的那张头戴贝雷帽的切·格瓦拉更能表现出一个革命者的本来面目与咄咄英气。

1971年夏，马克·吕布第三次踏上中国的土地，他是随法国政要阿兰·佩雷菲特的访华团来的，这个访华团也是"文化大革命"开始后第一个到中国访问的团体。正值"文化大革命"中期，基辛格秘密访华，《红色娘子军》与《红灯记》分别开始上演上映，中国重新获得联合国席位，第一颗人造卫星发射成功，中国红十字会陆续向索马里、土耳其、乍得、智利、阿富汗、越南等国无偿捐赠了价值1850万人民币的救灾援助物资……

其实马克·吕布经历了1968年5月发生在法国巴黎的左翼青年学生风潮，1000万工人参与了游行和大罢工，法国人称之为"五月风暴"。巴黎街头的一部分左翼青年学生受中国的影响，甚至也高举着他们各自所崇拜的毛泽东、胡志明、切·格瓦拉、列宁、托洛茨基等红色左派领袖的巨幅画像风驰电掣。针对"五月风暴"，马克·吕布当然拍下了许多"热血沸腾"的街头照。但在1971年的中国，他的镜头却显得异常冷静。

他在北京的公园和八达岭长城拍的照片，几乎是诗意和浪漫的。在武汉钢铁厂拍下的领袖由东向西挥手的雕像与两根同样由东向西冒着浓烟的烟囱，似乎也隐喻了"东风压倒西风"的中国式意识形态。与此同时，他也注意到了在中国民众的工作学习环境中，"红语录"是人手一册并经常摆在桌上的必备读物。所以在上海，他拍下了桌前放着一本《最高指示》背景下的芭蕾舞团女演员；在小学校园，他拍下了守着课桌上一本"红语录"的小学生。这第三次的造访，已使马克·吕布很懂中国了。在武汉，他甚至还注意到了民居中的电扇和为降温而放在缸里的冰块。在北京小雨中的十三陵墓道上，他也拍下了迎面而来的一驾驴马车，而路右侧停泊的那排轿车显然是载着法国访华团来的贵宾车，这个反差的细节，意味深长。

3/红

中国进入改革开放后的八九十年代，对外国人的往来与拍照已没多少限制了。于是，马克·吕布来的也更加频繁。他热爱我们的国家和民众，且一直记着布列松对他说过的一句话："尽可能多地在中国停留，因为还没人认真拍过朴实的中国。"马克·吕布自己也说过："我喜欢看着一个国家长大。"当然，他这句话其实不只针对中国，同时也针对他多次拍过的土耳其、日本、越南、美国、英国等等，更包括他自己的祖国——法国。

八十年代，他曾数次上过黄山，并以中国传统山水画的审美观去拍。凑巧的是，他竟然也遇见了在山中写生的画家吴冠中夫妇。但他在黄山最好的一张照片，我以为是1985年拍摄的一张彩照——雾霭朦胧、松树隐约的石板路上，一位左手指天、右手拄杖、仰面吟诵的老者，宛如在当代撞见了诗人李白，穿越回唐朝。同是1985年，他在西藏所拍的照片也多有佳作，不避电线的布达拉宫、飞满画面的白色群鸟、油画般深沉的藏民群像等。

1992—1995年间他在北京、上海、太原、大连、深圳等地拍摄的照片，也还能看出他对中国尚未发生巨变时的热情与兴趣。那时的中国，房地产业和汽车业还没全面启动与发展，中国的变化主要体现于人们的饮食、服饰和缤纷的商业，当然也包括麦当劳、肯德基、摩托罗拉"砖头"手机、彩电、录像机、广告牌等外来洋货的闯入。总之，西风已东渐，慢条斯理的传统中国就要守不住纯朴木讷的面孔了。虽然他拍下的影星巩俐还保留着一丝纯真，但圆明园的艺术家们在经历了历史的挫折后，愤闷已然要找到出口。

马克·吕布在2000—2010最后十年留给中国的图片，连他自己也兴趣不大了。因为他心目中那个"远东"的中国，用他自己的话说——"正如地理上的远东变为文化上的远西"了！2010年，他在最后一次来中国时的访谈中甚至还直言不讳道："我不喜欢现在的中国。我不喜欢只有金钱……"是的，虽然新世纪以来的中国越发"阔绰"了，但感觉敏锐的马克·吕布却认为这是更加"丑陋"的。半世纪以前，他在陈述自己的摄影立场时就说过："我一向更愿意发现世间美好的事物，而非那些丑恶的戾气和怪物。"不不不，我觉得马克·吕布越是如此失望地批评中国，他对中国的热爱就越深。

返乡的归人——跟随马克·吕布的照片回里昂 :: 肖全

我们没有找到马克的墓碑,
但是他就在这个非常宁静的小镇上,
那天风特别大,很冷。
估计马克出去拍照了,没有看见他。

现在我们的航班从法兰克福飞往成都,40天的欧洲之行结束了。飞机平飞后,我拉开小桌板,打开电脑,把自己的思绪往前搜。

2月20日的清晨,经过一夜的飞行,我们来到巴黎的上空。在云雾里看见了我极其熟悉的埃菲尔铁塔,它隐隐约约却坚定不移地在那里。我在心里轻轻地叫了一声:马克你好。

2012年的一天,我站在巴黎蓬皮杜的楼顶上,那里有很多游客在远眺整个巴黎城。然而我的视线紧紧地锁住埃菲尔铁塔,它高傲挺拔,巍然屹立。马克·吕布就是因为拍摄了《埃菲尔铁塔上的油漆工》,而进入了玛格南图片社。他的这张作品与布列松的《打酒回来的小男孩》,成为20世纪代表巴黎最有名的两张名片。

那年马克的身体已经很不好了,我以为这次不能见到马克了,就在蓬皮杜的楼顶上盯着埃菲尔铁塔看,心想:铁塔就是马克。脑子里闪现着我和马克·吕布从1993年在广州结缘后,多年来的一幕幕,在中国、在巴黎他家中那些难忘的故事。

我在巴黎转机去里昂,太阳刚刚升起,把戴高乐机场映得通红。

2月22日晚上,在里昂汇流美术馆,隆重举行马克·吕布诞辰

::我们没有找到马克的墓碑,但是他就在这个非常宁静的小镇上,那天风特别大,很冷。估计马克出去拍照了,没有看见他。
肖全摄/上

::2009年巴黎马克家中/左

:: 2023年2月里昂汇流美术馆 /上

:: 2023年里昂"马克·吕布路" /下

100周年摄影纪念展览。这是马克的故乡,也是马克摄影的源头。

　　马克的太太凯瑟琳穿了一件红色的毛衣,一脸笑容。她看见我很高兴,夸我西装上的小花好看。出席今晚开幕活动的人都是马克生前的重要朋友。100周年、100张作品,马克·吕布生平介绍用的照片是我1993年在广州海珠大桥上拍的,被制作得很大很醒目。展览由美术馆一位女士进行学术导览,所有的人在马克·吕布的作品面前,将马克·吕布的一生经历贯通了一遍。马克的足迹遍布世界,在西方摄影史里有重要一席。

　　23日开始,展览对公众开放,排队看展览是巴黎人的习惯,没有想到马克的粉丝有这么多。在购买马克的画册等纪念品时,尚陆(马克在中国巡回展览

的策展人）听两位观众讲，我们的小镇上就有一条街叫马克·吕布，我们不知道他是一名这么有名的摄影师。从尚陆那里知道这个消息后，我非常开心。我们开车去了那个小镇，离展览馆不远，我们在马克·吕布的街牌下留影，去想象，100年前马克在这里降生，在这里长大。

在马克·吕布的最新画册里，有一些我从未看见的老照片。尚陆听马克的助理Lorène Durret讲，马克从他家里的窗户往外拍摄，可以拍到河岸。里昂有两条河——罗纳河和索恩河舒展在市区。我们拿着画册，饶有兴趣地去河边寻找马克当年拍摄照片的位置。有人告诉我们1944年这里被轰炸过，而马克拍摄的时间，要早好几年。但是第二张照片的位置，我们找到了，跟当年马克照片里的画面几乎一模一样。山

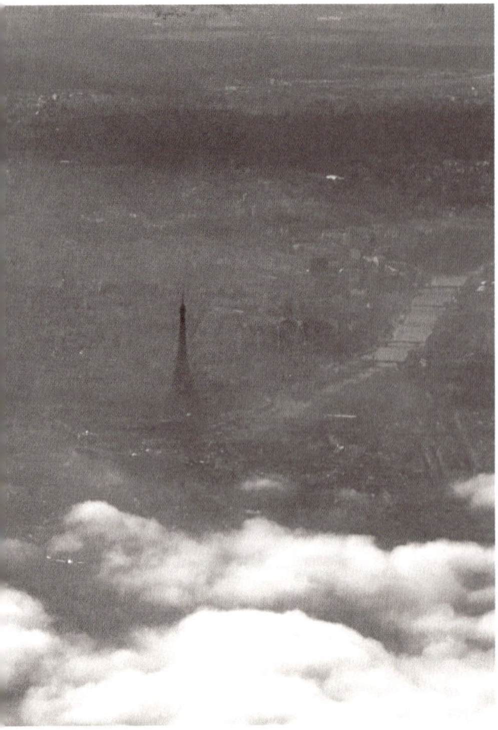

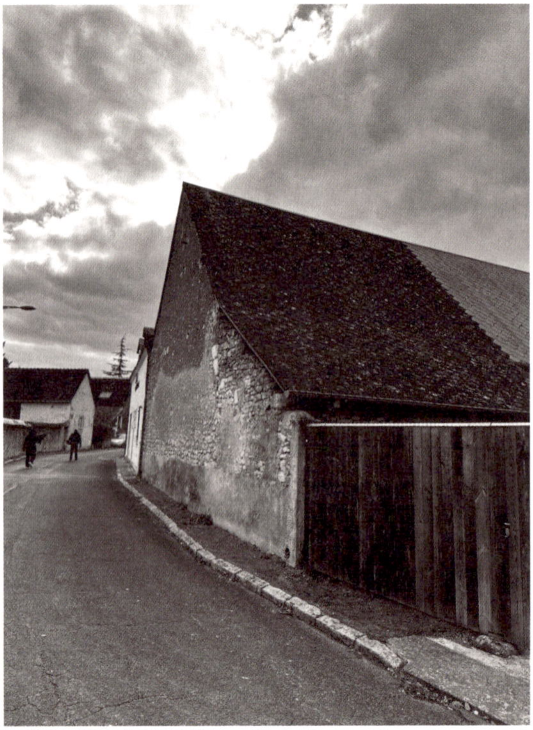

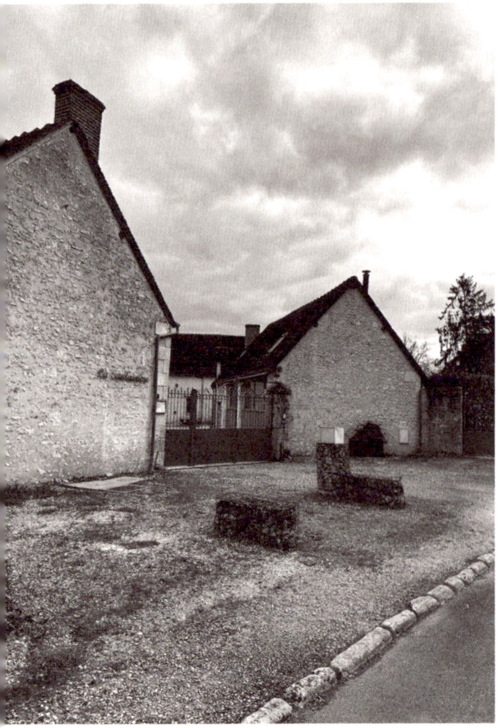

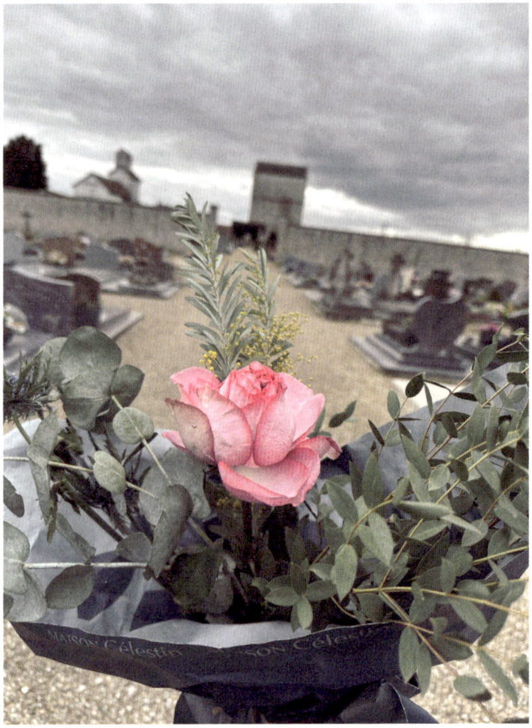
MAISON Célestin

顶上的教堂，以及河岸边的建筑完全没有改变。

在去法国之前，我突发奇想，请尚陆为我问问凯瑟琳，我想去马克的墓地给马克献一束花。得到马克墓地的地址后，我们开车去寻找。经过两个小时的路程，我们来到了一座非常宁静的小镇，几乎看不见人，我们走进一家小餐馆用餐，喝了一杯咖啡温暖了身体。我们也打听到了墓地的方位。

风很大很冷，墓地外有个少年在玩篮球，球场后面是一大片森林。尚陆听马克的助理讲，马克的墓碑是白色的，在一片新区里。我们找呀找，怎么也看不见马克。在大风中，我把双手对在嘴边大声地喊："马克，你在哪里，我来看你来了！"

也许，马克出去拍照片了，他不在这里。

他拿着照相机永远在路上。

怀念马克·吕布

张新民

这张照片是1993年拍的，地点是深圳晶都酒店的一间客房，画面上三个人：马克·吕布、肖全、韩磊。画面外，还有五个人：杨延康、吴家林、高加索、敬新华和拍照片的我。全体合影照片在杨延康那里，是用了闪光灯的彩色片。我不喜欢用闪光灯，但房间里光线昏暗，尼康FM2，100度黑白胶卷，没脚架，很难把群像拍清楚，这张，稳住1/2秒硬拍下来，感觉比闪光灯好。

这大概是中国最早的"见面会"了——一帮热爱摄影的小伙伴拿着自己的作品，去请教一位蜚声国际的摄影大师，这位大师再过半个月就满70岁，半个月前只身从法国飞来中国大陆，每天奔波拍摄，疲惫不堪。但是，他对肖全说，想见一见深圳的年轻摄影师。

肖全那些年在为《现代摄影》杂志工作。老马那次来中国拍摄，肖全是助手兼向导。肖在电话里跟我说，因为在陪老马，就委托了杨延康具体通知到人。杨在电话里对我说，8点，晶都酒店大堂见。因为太临时，我来不及准备照片，只带了两本杂志，一本是《桥》，封面是我当年的代表作《股潮》，一本是刊有"深圳打工妹系列"的《现代摄影》。担心语言不通，我约了一位懂点英语的朋友敬新华。在晶都大堂，见到了当时也在《现代摄影》工作的韩磊，以及韩的朋友高加索（高不做摄影但对艺术有很高悟性），还有延康，我们都是经常在一起喝酒的熟人。意外的是，云南的吴家林也来了，这是我第一次和吴家林见面，吴说他是来深圳印画册的，延康快到下班的时候才问他去不去见一位大师，幸好他带了画册照片的底片，急急忙忙在《现代摄影》的简陋暗房里洗了一摞3.5×5英寸的照片，还没干呢。后来我才知道、杨、韩、肖、张、吴五个拍照片的人，在这次会见中，只有吴家林一人让马克·吕布看了自己手工放大的原始照片，这确实是缘分。

马克·吕布坐在床上，我们围成一圈，依次拿出作品向老爷子讨教。杨延康带来的也是两期刊有他作品的《现代摄影》杂志，一是关于帕米尔的《去高原》，一是《陕西社火》；韩磊带的是一叠作品复印件，内容是他早期拍摄的胡同和铁路线，复印质量非常好；我的作品主要是《打工妹》。老马逐一看过，除了对自己喜欢的照片用短语称赞外，还询问拍摄地点。轮到吴家林，因为照片是湿的，只好一张张摊开来摆在床上，老马要看得清楚，就得一张张拿起来，看过之后，老马又把他认为该放在一起的放一起，分类。在场的人，只有肖全和高加索、敬新华懂点英语，但非常有限，应该承认，交流起来并不顺畅，没多久，老爷子开始打哈欠了。

肖全提醒，应该告辞了。延康张罗合个影，老马起身，延康急忙搬张椅子让他坐，没小心椅子腿碰到老爷子的脚，燥得延康满脸通红，最后把椅子搬开，大家都站着拍了合影。

这就是1993年6月7日的深圳会见，事后被广为流传。胡武功到深圳，还专门约了延康等人叙说当时情景，并发文在人民摄影报上。香港的同行说，老爷子往来香港多次，从来不见人，你们太幸运了。

当然，最幸运的是吴家林，当年12月，吴的《云南山里人》在深圳印刷出版，吴把杨延康拍摄的马克·吕布看他照片的照片放在画册的扉页，并恭恭敬敬写了话，大意是有幸在深圳邂逅世界著名摄影大师，大师为其照片分类云云。有资料说，以后吴

:: 1993年6月7日马克·吕布在深圳晶都酒店，张新民摄/上

多次寄照片给马克·吕布，直到1995年马克·吕布收到《云南山里人》画册，吴的命运由此发生了彻底改变。

肖全、韩磊、杨延康，在九十年代，都各自走上了自己选择的摄影之路，都在各自的领域建树丰硕，蜚声遐迩。20年过去，回头看，我们都是幸运者。至于当初为什么是吴家林青睐独享，坊间有很多说法，但当事人的说法可能更中肯，比如肖全，他说，吴家林和马克·吕布这份缘，是前世修来的。吴家林本人则用自己的文字这样写道：知足，感恩！自己永远是渺小的！

是吗？

我们曾经有过的生活

张艺谋

我第一次见到马克·吕布先生是1993年，他来我们摄制组工作现场希望拍点东西，吃住也跟我们在一起。一大堆中国人当中夹杂着一个法国老头，本来挺显眼的，可是几天下来，你几乎感觉不到他的存在。他从来不会给你添什么麻烦，只是静静地待在一边。照相机很小，拿在手里并不显眼，很轻的快门声几步远就听不见了。好几天过去了，我都不知道他拍了什么没有拍什么，也顾不上问他生活习惯不习惯，一个人寂寞不寂寞。

后来，我们到东北去拍摄，因为那里的冬天非常寒冷，我想他不会来了。谁知有一天，忙乱中一扭脸，马克·吕布先生已经站在人堆中了，他的衣服穿得并不厚，只是脚上多了一双棉靴。我们怕冻着他，给了他一件军大衣。摄制组里人人都是一件大衣，站在雪地上黄乎乎的一片，就更找不着他了。因为彼此语言不通，没有配备翻译，也因为忙，干冷干冷的几天中，我们俩都没有说上几句话。

记得那天特别冷，山顶上的风吹得人脸上一阵一阵发紧，白色的太阳孤独地混在白茫茫的天地间，马克·吕布先生翻过一个高高的山梁，去拍他想拍的东西。雪很深，他走得很慢，雪地上留下一行深深的脚印。看着他小小的身影艰难地越过山梁沉了下去，我突然觉得，马克·吕布先生一定不会寂寞。他用他的照相机记录了我们中国人漫长而难忘的历史，我们所有的人都在那些黑白照片的环境中长大成人，那是我们曾经有过的生活，那是我们的爱。我想，那一定也是马克·吕布先生的爱。

附录

马克·吕布百年诞辰纪念活动

马克·吕布百年诞辰纪念活动于2023年12月16日在浙江杭州高帆摄影艺术馆隆重举行。

活动由浙江省摄影家协会、浙江摄影出版社、中国美术学院中国摄影文献研究所、杭州市萧山区文学艺术界联合会共同主办。

马克·吕布外甥阿兰·朱利安(Alain Julien),马克·吕布生前好友摄影家吴家林、司苏实、罗永进、张新民,浙江省摄影家协会副主席毛小芳、王芯克、钱明,浙江摄影出版社社长、总编辑林青松,副社长程禾,杭州市摄影家协会副主席戚向阳,杭州市萧山区文联主席黄勇芳,杭州市萧山区摄影家协会主席董伟,中国美术学院中国摄影文献研究所主任、高帆摄影艺术馆馆长高初,摄影批评家吴毅强,映Studio(杭州)、ant art 蚂蚁摄影负责人令胡歌,以及摄影界、学术界的嘉宾学者,来自全国各地的马克·吕布粉丝、摄影爱好者100余人出席开幕式。活动由浙江省摄影家协会秘书长沈峰主持。

:: 马克·吕布百年诞辰纪念会活动海报。设计:刘鸿杰 /右

马克·吕布
百年诞辰纪念会

La CÉLÉBRATION du CENTENAIRE de la NAISSANCE de MARC RIBOUD

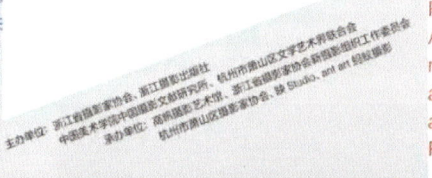

2023.12.15–12.17

(杭州市萧山区湘湖金融镇19号楼)

高帆摄影艺术馆 1、2、3号展厅

主办单位：浙江省摄影家协会、浙江摄影出版社、中国美术学院中国摄影文献研究所、杭州萧山摄影艺术馆、浙江省摄影家协会、赤 Studio, an art 目起旗舰

承办单位：高帆摄影艺术馆、杭州市萧山区摄影家协会、赤 Studio, an art 目起旗舰

---

decades to come.
Over the next several decades, Riboud traveled around the world. In 1957, he was one of the first European photographers to go to China, and in 1968, 1972, and 1976, Riboud made several reportages on North Vietnam. Later he traveled all over the world, ... in Asia, ...
... ico, Niger, ...everyday Paris. ...oud's photographs ...ines, including Life, Géo, ...s Match, and Stern. ...Overseas Press Club ...ceived the Lifetime ...chievement Award at the 2009 Sony World Photography Awards and has had major retrospective exhibitions at the Musée d'Art Moderne de la Ville de Paris and the International Center of Photography in New York. Riboud was made an Honorary Fellow of the Royal Photographic Society in 19...

The Instinctive Moment
MARC RIBOUD
MARC RIBOUD ET SES AMIS PHOTOGRAPHES
上海
Demain Shanghai

∷马克·吕布百年诞辰纪念会展览现场。令胡歌摄

∷阿兰·朱利安和吴家林共同吹灭蛋糕上的蜡烛,阿兰在演讲中说:"这两支蜡烛,一支代表中国,一支代表法国"。王芯克摄

:: 浙江摄影出版社社长、总编辑林青松介绍第2期《摄影》杂志（浙江摄影出版社，1989年1月），这也是马克·吕布作品第一次在国内媒体亮相。王芯克摄/上

:: 马克·吕布百年诞辰纪念研讨会现场。颐国宁摄/下

马克·吕
百年诞辰
La CÉLÉBRA
de la NAISS
2023.12.1
高帆摄影艺术馆 1、
Marc Riboud

:: 马克·吕布百年诞辰纪念研讨会参与嘉宾合影。吴昭红摄.

本书由马克·吕布百年诞辰纪念编写组编写。

顾　　问：阿兰·朱利安、吴家林、司苏实、罗永进

编　　委：毛小芳、林青松、沈峰

执行主编：令胡歌、高初

出　　品：浙江省摄影家协会

　　　　　　中国美术学院中国摄影文献研究所

　　　　　　高帆摄影艺术馆

项目发起：映Studio（杭州）

　　　　　　ant art 蚂蚁摄影

中国美术学院
China Academy of Art

浙江省摄影家协会

视觉中国协同创新中心
The Institute for Collaborative Innovation in Chinese Visual Studies

SOCIAL ARCHIVE OF CHINESE PHOTOGRAPHY
中国摄影文献

映 Studio（杭州）

ant art
蚂蚁摄影

责任编辑：余　谦
文字编辑：於　琛
责任校对：王君美
责任印制：汪立峰
封面摄影：吴家林

图书在版编目（CIP）数据

历史之镜：马克·吕布百年诞辰纪念文集 / 马克·吕布百年诞辰纪念编写组编. -- 杭州：浙江摄影出版社，2024.6

ISBN 978-7-5514-4981-6

Ⅰ．①历… Ⅱ．①马… Ⅲ．①马克·吕布－纪念文集 Ⅳ．①K856.557.2-53

中国国家版本馆CIP数据核字(2024)第105287号

LISHI ZHI JING: MAKE LVBU BAINIAN DANCHEN JINIAN WENJI

历史之镜：马克·吕布百年诞辰纪念文集

马克·吕布百年诞辰纪念编写组　编

全国百佳图书出版单位
浙江摄影出版社出版发行
　　地址：杭州市体育场路347号
　　邮编：310006
　　电话：0571-85159646
　　网址：www.photo.zjcb.com
制版：杭州真凯文化艺术有限公司
印刷：浙江经纬印业股份有限公司
开本：710mm×1000mm 1/16
印张：16.75
2024年6月第1版　2024年6月第1次印刷
ISBN 978-7-5514-4981-6
定价：98.00元

目录 CONTENTS

捕蝇草：闻名全球的"昆虫杀手" /2
蓖麻：最廉价的生化武器 /6
马勃菌：天然"地雷" /10
猪笼草：甜蜜的死亡陷阱 /14
夹竹桃：蛇蝎美人 /18
罂粟：悬在人类头顶的利剑 /22
桉树：一山不容二虎的"霸王树" /26
毒扁豆：神乎其神的"神裁毒药" /30

毒芹：使苏格拉底殒命的"植物杀手" /34
相思子：此"红豆"非彼"红豆" /38
除虫菊：让害虫们泪流满面 /42
箭毒木：见血封喉的毒木之王 /46
大麻：曾被视为灵药的"致幻高手" /50
舟形乌头：可怕的"食材" /54
坏女人花：理想的家庭"防盗系统" /58
烟草：收割无数生命的"死神镰刀" /62

千屈菜：从"美女"变"无赖" /66

绞杀榕：热带雨林中的"第一杀手" /70

曼陀罗：威名赫赫的"癫狂之花" /74

响盒子：带刺，有毒，会爆炸 /78

苦艾：被酒精拖累的坏名声 /82

黄灯笼辣椒：能让思维停止的"辣椒之王" /86

麦角菌：让人狂舞不停的"女巫咒语" /90

布袋莲：肆无忌惮的繁殖狂 /94

风信子：有毒的"洋葱头" /98

金皮树：潜藏在雨林中的"人间炼狱" /102

有毒菌子：致命的"小雨伞" /106

槟榔：低调的"慢性杀手" /110

杉叶蕨藻：入侵性极强的"杀手藻" /114

葛藤：披着羊皮的"狼" /118

大王花：臭不可闻的花中巨人 /122

镰荚金合欢：为了生存无所不用其极 /126

荨麻：虽然蜇人但很有用 /130

一起勇攀科学高峰！

快让你的大脑动起来吧！

捕蝇草：闻名全球的"昆虫杀手"

如果你去美国南卡罗来纳州的沼泽探险，很有可能会看到如下的情景。

一只个头挺大的苍蝇，正好奇地围着一株模样特别的植物打转，并发出兴奋的嗡嗡声。这株奇怪的植物虽然只有几十厘米高，却浑身散发着一股甜蜜的香味，十分诱人。

过了一会儿，苍蝇终于抵挡不住蜜香的诱惑，轻巧地停在这株植物的叶子中间。

在我们看来，苍蝇的重量是可以忽略不计的，然而叶子却感觉到了。只见叶子边缘的一列刺毛轻轻地颤抖了两下后，叶子快速地合到一起，将苍蝇夹在了中间，而叶子边上的刺毛，则像牙齿一样紧紧咬合在一起。

你一定会好奇，苍蝇还能不能从叶

子中间钻出来,保住它的小命。那我可以负责任地告诉你,这基本是不可能的。

而叶子再次打开的时间,完全取决于被捕食物的大小以及消化所需的时间,一般为4~10天。到那时候,关在里面的苍蝇"囚徒"早已被叶子所分泌的液体消化得差不多,成了一顿"美餐",是这株植物健康生长的养料。

听起来很神奇吧?但这可不是科幻电影中的场景,而是捕蝇草捕食昆虫的真实过程:诱惑—抓捕—消化。

当初,达尔文发现这种能捕食动物的植物时,就像发现了新大陆一样惊奇,他花费了大量的时间来研究它们。有一次,他在朋友送他的39片捕蝇草叶子上,竟然找到了142只被牢牢粘住的昆虫躯壳!

这种"毫不留情"的捕食手段,让捕蝇草成为全球知名度很高的食肉植物,要举出一个"凶猛植物"的例子时,很多人首先会想到捕蝇草这个"昆虫杀手"。

捕蝇草和维纳斯

维纳斯是古罗马神话中代表爱与美的女神,而捕蝇草叶片边缘的那层刺毛像极了维纳斯纤长的睫毛,所以在英文中,这种植物也叫"维纳斯的捕蝇陷阱",听起来是不是很动人呢?

在日文里,捕蝇草则被称为"苍蝇的地狱",也非常形象。

草也"吃"撑了

虽然捕蝇草是一种凶猛的植物,可事实上它的"饭量"并不大。一般来说,一片叶子每次只能消化一只昆虫,如果"吃"得太多,它的"肚子"就会撑得受不了,甚至整株植物枯萎而死。

另外,像小甲虫这样的"硬骨头"完全不用害怕被捕食,因为捕蝇草对它根本是心有余而力不足。

精准捕食有限制

不要以为植物都是"头脑简单"的生物,捕蝇草其实很聪明。捕蝇草的叶片内侧长有3～5对细小敏感的感觉毛,当昆虫触碰两次感觉毛后,叶片就会在平均0.5秒的时间内,飞快地闭合。引起捕蝇草的闭合动作需要碰触感觉毛两次,这是为了提升捕虫的准确性。

另外,捕蝇草每片叶子的开合次数是有限的,在捉到猎物进行消化的情况下,一般可以开合3～4次。超过这个次数,叶子就会失去捕虫能力,然后渐渐枯萎。

受人类青睐的大家族

原本,捕蝇草只生长在美国的南、北卡罗来纳州,在当地只有一个原生种和几个变种。但它"昆虫杀手"的名号越来越响,而且它的样子看起来酷酷的,具有很高的观赏价值,于是种植这种植物的人越来越多。捕蝇草开始作为一种园艺品种进入人们家中,经过人类的不断培育,现在已经发展成一个拥有600多个变种的庞大家族了。

蓖麻：
最廉价的生化武器

2004年2月的一天，美国参议院大楼惊现装有生化武器的神秘信件，信中带有一种不知名的白色粉末。参议院的三幢大楼随即被关闭，警方立刻进行了相应的排险工作，并对这些白色粉末展开了进一步调查。直到所有接近过这种生化武器的人都被证明没有患上什么特殊疾病后，所有人才长长地舒了口气，参议院大楼内部也很快恢复了正常工作。

那么，这种把大家吓得够呛的生化武器到底是什么？你们一定想不到，它竟然是一种从蓖麻中提取出来的毒素。

要知道，蓖麻是一种遍布全世界热带和温带地区的常见植物，在印度和巴西更是到处都是，在中国也被广泛种

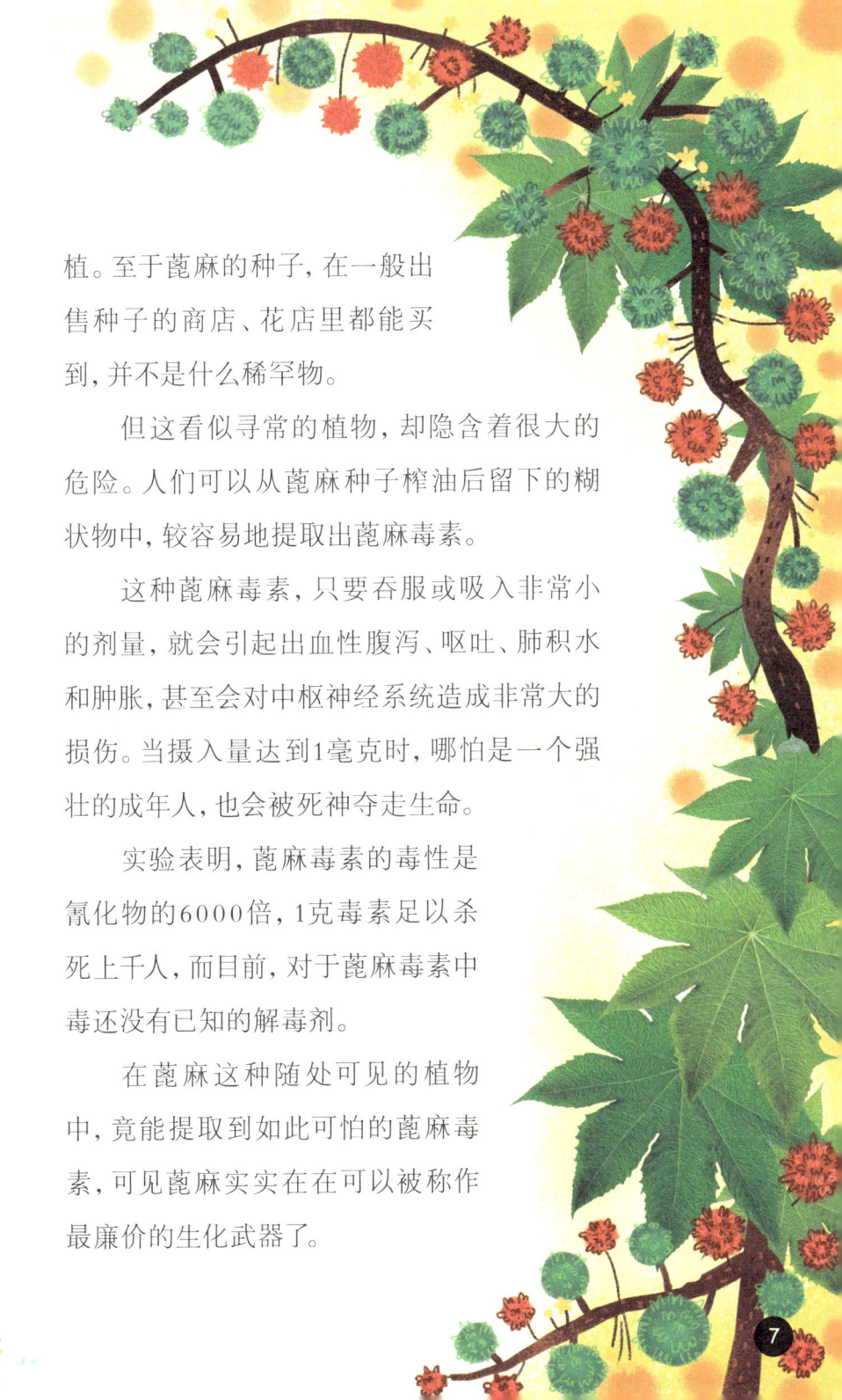

植。至于蓖麻的种子，在一般出售种子的商店、花店里都能买到，并不是什么稀罕物。

但这看似寻常的植物，却隐含着很大的危险。人们可以从蓖麻种子榨油后留下的糊状物中，较容易地提取出蓖麻毒素。

这种蓖麻毒素，只要吞服或吸入非常小的剂量，就会引起出血性腹泻、呕吐、肺积水和肿胀，甚至会对中枢神经系统造成非常大的损伤。当摄入量达到1毫克时，哪怕是一个强壮的成年人，也会被死神夺走生命。

实验表明，蓖麻毒素的毒性是氰化物的6000倍，1克毒素足以杀死上千人，而目前，对于蓖麻毒素中毒还没有已知的解毒剂。

在蓖麻这种随处可见的植物中，竟能提取到如此可怕的蓖麻毒素，可见蓖麻实实在在可以被称作最廉价的生化武器了。

更多想知道

历史悠久

蓖麻原产于非洲东部,后来经亚洲传入美洲,再传到欧洲。中国的蓖麻由印度传入,已有1300多年的栽培和利用历史了。在世界上最早的药典——唐代苏敬等人编著的《新修本草》中,就有相关记载。

既是"魔鬼",也是"天使"

蓖麻种子既能用于提取让人害怕的毒素,也能用于制作生活中必不可少的润滑油。蓖麻种子的含油量约为50%,蓖麻油在-18℃低温状态下不凝固,在500℃~600℃高温条件下不变质、不燃烧,具有很高的经济价值。

此外,蓖麻的叶和根能用于治疗风湿性关节痛、破伤风和精神分裂症等疾病,它可是药学家们的好朋友。

蓖麻案件

历史上,利用蓖麻毒素犯罪的案件,有1978年9月7日发生在英国伦敦的著名作家格奥尔基·伊万诺夫·马尔科夫被袭案,以及2003年、2013年美国蓖麻毒素信件案等。

这些利用植物特性的作案手法一般较为隐蔽,但随着科学技术的发展,这些手段已经能够很快被识破了。

蓖麻蚕

差不多每个孩子都养过蚕宝宝,而我们一般给蚕宝宝喂的都是桑叶。但如果有人告诉你,蓖麻叶也可以用来喂蚕,你相信吗?

世界上还真的有一种吃蓖麻叶的蚕呢,这种蚕名叫蓖麻蚕,又称印度蚕,是一种野生的、适应性很强的蚕。相比于吃桑叶的蚕,蓖麻蚕结的茧更厚,但光泽度较差,因此不能用来缫丝,只能用作绢纺的原料。

马勃菌：
天然"地雷"

在南美洲，一直流传着这样一个故事：几百年前，一些殖民者仗着有先进的武器，肆无忌惮地掠夺当地资源，杀害当地原住民。原住民忍无可忍，决定反抗。可是，他们手里只有落后的标枪、弓弩，怎么会是火枪钢炮的对手呢？

经过冥思苦想，原住民想出了一个因地制宜的办法。他们派出身手敏捷的年轻人，引诱入侵者进入他们事先选好的"陷阱"——一片长满马勃菌的树林，然后迅速消失。

当入侵者分头寻找时，有人的脚尖不知道碰到了什么，就听见"砰"的爆炸声，随后浓烟四起，一股刺鼻的烟雾弥漫开来，直呛得周围的几个入侵者猛打喷嚏、流鼻涕，最后泪如泉涌。还没等他们弄明白发生了什么事，又接连传来"砰、砰"的爆炸声，更多的刺激性浓烟快速弥漫开来……入侵者在这些神秘"地雷"的攻击下，已经完全失去了战斗力。这时，隐藏在"陷阱"四周的原住民现身了，锋利的毒箭像雨点般射出，很快就消灭了敌人。而原住民使用的"地雷"正是马勃菌。

虽然这个故事的真实性已无法考证，但马勃菌植物

"地雷"的称号却是名副其实的。

马勃菌家族成员的外形千姿百态，有的小巧如高尔夫球，有的大如南瓜。它们成熟前为味道鲜美的白色食用菌，成熟后会变成灰褐色。这时路过的人或动物若不慎踩到，其表皮便会猛然裂开，释放出刺激性的灰色"烟雾"。而这些"烟雾"其实由数以万计的极小、极轻的孢子构成，一旦受到触碰，这些孢子便飘散到空气中，寻找新的繁衍地。

看来，大自然中的植物并不都是任人宰割的弱者，那些千奇百怪的防御及繁衍手段，真是神乎其神！

能吃的"地雷"

马勃菌并不只是在关键时刻帮助原住民打败入侵者的"地雷",在平时,种类繁多的马勃菌还可作为人们的食物和药物。

马勃菌呈球形或梨形,直径从几毫米到1米以上不等,富含氨基酸,具有清肺、利咽、解热、止血的功效。

蘑菇家族中的"大块头"

我们平时看到的菌类,大都是小小的,还没有我们的手掌大,可马勃菌家族却一反常态,家族里出现了很多"大块头"。

例如大秃马勃菌的体形就很大,直径一般在15～25厘米,大的可超过1米。目前已发现的最大的大秃马勃菌,其直径达1.52米,重22千克!

隐居在海底的马勃菌"亲戚"

在海底，还生长着一种比较少见的马勃菌"亲戚"——马勃菌海绵。它是一种动物，并没有任何的附肢、器官、消化系统和循环系统，无时无刻不在过滤水体，依靠从海水中过滤出的养分来维持自身生长。然而，这种并不招摇的生物或许会是未来技术革命的催化剂。

马勃菌海绵的"骨骼"是由众多格子状的硅、钙物质构成的，类似于我们用来制造太阳能电池板、微芯片和电池的材料，但有一点不同：我们在制造这些材料时需要使用各种有毒的化学物质且耗费大量能源。而马勃菌海绵显然在这方面做得更好：它们只需向水中释放特殊的酶，从水中吸收硅、钙，就能把这两种物质变成需要的外形。2006年，美国生物技术教授丹尼尔·摩斯通过研究马勃菌海绵酶的特性，成功研制出了更清洁、高效的电极，使太阳能电池板变得更加环保。

如果有一天，当廉价的太阳能电池板出现在每家每户的屋顶上时，可千万不要忘了感谢让这一切成为现实的不起眼的马勃菌海绵。

猪笼草：
甜蜜的死亡陷阱

在非洲马达加斯加的荒野上，一只小蜜蜂正在寻找花蜜，突然从远方飘来一阵诱人的蜜香，小蜜蜂兴冲冲地向着香味飘来的方向飞去，不久它来到了一株长相十分奇怪的植物旁。

这株植物的叶片末端有一根很长的卷须，卷须尾部连接着一个像是长颈瓶一样的"小笼子"，花蜜的香味正是从这个"小笼子"里散发出来的。

小蜜蜂警惕地围着"小笼子"飞了好几圈，最后还是禁不住花蜜的诱惑，小心翼翼地从笼口钻了进去。可一等它钻进去，"小笼子"上面的盖子突然合了起来，把小

蜜蜂牢牢地关在了里面。几天之后，等盖子再次打开时，小蜜蜂不见了，因为它已经被"消化"掉了。

这个场景是不是很像捕蝇草猎食？这种和捕蝇草一样"食肉"的植物就是大名鼎鼎的猪笼草。

关于猪笼草最早的记录可追溯到17世纪。1658年，法国人弗拉古在他的著作《马达加斯加岛的历史》中写道："这个国家的人都不会去摘这些笼子（指猪笼草）。因为他们认为，如果有人去摘这些植物，那么几天内都不会下雨了。我和其他几个法国人尝试着摘了几个笼子后，他们的说法真的应验了，那里果真几天没有下雨。每次下雨后，这些笼子都会装满雨水。"

一个世纪之后，这种带"笼子"的植物被正式命名为"马达加斯加猪笼草"。

后来，人们所发现的猪笼草种类越来越多，最大的猪笼草"笼子"高达50厘米，相当于一个10升的家用水桶。不论什么种类的猪笼草，它们的捕虫笼对飞舞在周围的昆虫来说，都是甜蜜的死亡陷阱。

中式猪笼草

在中国传统的中药材中,有一味名叫雷公壶的草药,它其实就是猪笼草家族中的奇异猪笼草。

根据中医典籍记载,雷公壶能够清肺、润燥、解毒,治疗百日咳、黄疸、胃痛、虫咬伤等多种疾病,是一种药用价值非常高的植物。

精通连环计

有些猪笼草的捕虫笼带有褐色、紫色、白色的斑点。你可千万别以为这些斑点只是为了扮靓,其实它们有着十分特别的作用。

例如,马兜铃猪笼草上的白斑可以让阳光透过它,照进笼子里。这样,从捕虫笼的内部看,其他地方都很暗,只有那些白斑显得特别亮。掉进捕虫笼中的飞虫会误以为白斑处是出口,从而没头没脑地撞上去,最终筋疲力尽而亡。

"死亡之水"

1683年，瑞典医生格林在描述滴液猪笼草这种植物时，他认为猪笼草捕虫笼里面的液体是地面的水汽在太阳光的照射下蒸腾，凝结成水滴，再随着茎和叶流入笼内的。后来人们发现，这种观点是错的。捕虫笼里面的液体，是猪笼草自身分泌的一种消化液，其作用是淹死掉进来的昆虫并消化它们。捕虫笼内装的并不是普通的水，而是充满了酸和酶的"死亡之水"！

由此可见，科学正是在不断怀疑、纠错与更正的过程中得以前进的。

可口的猪笼草饭

在东南亚地区，人们会将苹果猪笼草的捕虫笼作为装食物的容器，烹调出别具特色的猪笼草饭。他们将米、肉等食材塞入捕虫笼中，再放进锅里蒸熟。如果有机会去那里，你可一定要尝一尝。

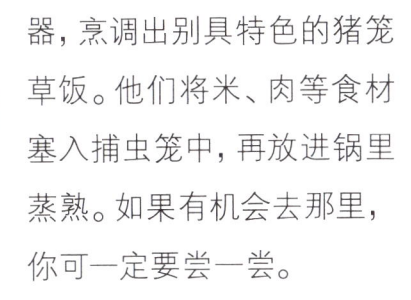

夹竹桃：
蛇蝎美人

关于夹竹桃，有两个凄美的传说。相传，古时候有一个叫桃的美丽女孩，爱上了一个叫竹的长工小伙儿。但是，女孩的父亲却因为门第偏见而活活打死了竹。竹死后，桃也因忧伤而离世。当他们的灵魂到达天国后，天帝为他们的真情所感动，答应满足他们一个要求。桃说她一生就喜欢桃花的纯洁，而竹却希望自己一直像竹子一样坚韧。于是，这世上就产生了一种既有竹子一样的叶子，又开着像桃花一样的花朵的植物——夹竹桃。

另一个传说讲的是，一位公主为了报复因为利益而出卖爱情的心上人，在夹竹桃下自杀。而她的怨恨也让夹竹桃染上了毒，最终将那个背信弃义的心上人毒死在了夹竹桃下。

这两个传说很形象地说明了夹竹桃的两个特性：美丽又危险！

夹竹桃在唐代时从印度传入中国，在中国各地区都有培育。夹竹桃四季常绿，身姿挺拔，它的花有如雪的白色、雅致的黄色、娇嫩的粉色，也有艳丽的深红，再加上浓烈的香气，真是一种美丽的观赏植物。

可在美丽的外表之下，夹竹桃竟算得上全世界毒性最强的植物之一。夹竹桃含有多种毒素，且植株的各个部分几乎都有毒。其中含量最高的是强心苷类毒素，这种毒素会攻击人或动物的心脏。一般情况下，10～20片夹竹桃叶子就能对一个成年人造成不良影响，至于婴儿，也许一片叶子就能让其丧命。

更可怕的是，即使一株夹竹桃干枯死去，它的枯枝叶上也依然保留着毒性。因此焚烧夹竹桃所产生的烟雾，也会让人中毒。可见，把夹竹桃形容成植物中的"蛇蝎美人"，实在是名副其实啊！

更多想知道

娇媚却勇敢

夹竹桃花开灼灼，有特殊的香气。红色是夹竹桃花朵自然的色彩，而白色和黄色花朵的夹竹桃则是人工培育出来的品种。

夹竹桃的叶片如柳似竹，叶上有一层薄薄的蜡，能为叶子保湿、保温，抵御冬季的严寒。所以，夹竹桃在冬季照样能绿姿不改。

已故国学大师季羡林先生在他的《夹竹桃》一文中，是这样形容这种植物的："然而，在一墙之隔的大门内，夹竹桃却在那里悄悄地一声不响，一朵花败了，又开出一朵，一嘟噜花黄了，又长出一嘟噜。在和煦的春风里，在盛夏的暴雨里，在深秋的清冷里，看不出什么特别茂盛的时候，也看不出什么特别衰败的时候，无日不迎风弄姿。从春天一直到秋天，从迎春花一直到玉簪花和菊花，无不奉陪。这一点韧性，同院子里那些花比起来，不是形成一个强烈的对照吗？"

植物强心剂

虽然大量服用夹竹桃叶会导致心脏停止跳动,但科学家也发现,适量地使用它的提取物夹竹桃苷,可以增强心肌纤维的收缩力,起到显著的强心作用。

临床实验显示,把夹竹桃的水煎液试用于治疗各种原因引起的心力衰竭,都能取得良好的效果。但这种方法绝不可自己轻易尝试,因为一旦控制不好剂量,就会中毒。

功不可没的"环保卫士"

夹竹桃有毒,为什么很多城市还要大量栽种呢?那是因为它除了美丽动人,还有抗烟雾、抗灰尘、抗毒物和净化空气、保护环境的作用。夹竹桃即使全身落满了灰尘,仍能旺盛生长。

至于夹竹桃的毒,我们也不必过于担心。虽然它的树汁、花朵、叶子都含有毒素,但这些毒素不会自行释放到空气中。只要人们不随意摘花折枝,夹竹桃就不会危及健康。

罂粟：
悬在人类头顶的利剑

提起罂粟，你一定不会感到陌生，它在我们人类世界中出现的频率实在太高了。我们的祖先在很早以前就认识了罂粟。5000多年前，苏美尔人虔诚地把罂粟称为"快乐的植物"，认为这是神灵赐予人类的宝物。而古埃及人则把罂粟当作治疗婴儿夜哭症的灵药。在公元前3世纪，古希腊和古罗马的书籍中出现了对罂粟的提取物鸦片的详细描述，大诗人荷马甚至把罂粟称为"忘忧草"。

为什么罂粟在古代被冠以这么多美好的词汇呢？这都源于罂粟所具有的强烈麻醉性。罂粟的学名（Papaver somniferum）中的"somniferum"本身就有"催眠"的意思。古时候人们对它认识不全面，只看到它在镇痛、止咳、催眠等方面的

神奇效果，却没发现其背后所隐藏的巨大祸患。

当历史的车轮驶进19世纪，人们才惊觉罂粟的另一面——它就像一把悬在人类头上的利剑，随时都可能取走人的性命！它在为人们治疗疾病的时候，在让人忘却痛苦和恐惧的时候，也使人的生命在麻醉中日渐枯萎，在迷幻中慢慢毁灭。更可悲的是，罂粟还被自私、贪婪的殖民者和毒贩当作侵略他国、牟取暴利的工具。

19世纪中下叶，早已在本国禁烟的英国，却在它的殖民地缅甸种起了罂粟。英国殖民者强迫当地原住民种植罂粟，提炼鸦片，然后把鸦片销往别国。后来，罂粟种植区逐渐扩大到老挝、泰国和缅甸三国边境，并在世界版图上形成了一个三角地带，被称为"金三角"。

现在，"金三角"与"金新月""银三角"一起，并称为"世界三大毒源地"，是世界各国打击毒品犯罪的重点关注地区。

虽毒但也有用处

罂粟虽然具有毒性，但其在医疗方面的价值也不容忽视。从罂粟中可提取吗啡、可待因、罂粟碱等成分，它们可用于制作医用镇静剂，而且目前人们还没有找到更好的替代品。

影响世界的鸦片

罂粟的果实可以制成令人闻之色变的毒品——鸦片。鸦片有成瘾性，人一旦沾上并长期吸食，会严重危害身体健康。

在中国，从清代中期起，政府就下令禁止鸦片销售。但在19世纪二三十年代，英国却向中国大量走私鸦片,从而引发了鸦片战争。至今,这种走私鸦片的行径仍为人们所唾弃。

被冤枉的虞美人

当罂粟花沦为"毒花"的时候,连带倒霉的还有一种叫虞美人的植物。因为虞美人花朵的外形和罂粟花非常像。

其实,要区分两者很简单:虞美人全株覆盖细毛,果实较小;而罂粟的植物体光滑无毛,果实较大。最重要的是,虞美人不可以用来制毒。

我是虞美人!

陶瓷罂粟

2014年8月,为了纪念第一次世界大战爆发100周年,英国德比郡的陶瓷艺术家保罗·卡明斯在伦敦塔前放置了名为"血洗陆地与海洋的红色"的艺术装置。该艺术装置由888246支陶瓷制成的血红色罂粟花组成,以纪念每一个在第一次世界大战中身亡的英国或殖民地士兵。

桉树：
一山不容二虎的"霸王树"

人们常用"一山不容二虎"来比喻实力相当或互不相容的两人不能同在一处。这种现象在动物界十分常见，很多动物都有自己的"地盘"，不管是独居的还是群居的，都会出现为了捍卫自己的领地而"大打出手"的现象。

但在人们的印象中，植物是比较温和的，似乎没有这种争来夺去的行为，我们往往能在一块土地上看到各种各样的植物和谐地生长在一起。

不过，世界上却有一些植物，虽然不能像动物一样搏斗厮杀，却会用独特的手段来赶走甚至杀死对手。桉树就是其中的一种，它因此被称为"霸王树"。

桉树是世界上长得最快的树种，在其生长旺季，1天可以长高3厘米，1个月可长高1

米，1年最高可长10米，是很好的经济林木。

但也正是因为生长速度快，桉树更容易获得生长所需的光、热、水、肥，成为优势树种。而这种优势抑制了其他植物的生长，但凡桉树存在的地方，其他植物会出现生长速度缓慢，甚至死亡的情况。本土生物的衰退和消失，也让许多动物失去了食物和栖息环境，林中的动植物就会越来越少。

其实，人类只要采取正确的种植方式，也能驯服这植物中的"霸王"，让它乖乖为我们所用。比如，尽量避免在江河源头、重要水库、自然保护区等地种植桉树；在合适的地区种植桉树时，要与其他树种混交种植，加强生物多样性的保护。使用科学的方式种植，这些"霸王树"就能变成"宝贝树"，在生态和经济方面为人类贡献自己的力量。

桉树内竟然有黄金

澳大利亚科学家利用X射线,在桉树的叶子中发现了微量黄金,据说这是人类首次在生物体内发现自然存在的黄金。

这究竟是怎么回事?科学家经过研究发现,桉树的根系很发达,会深入地下寻找水源,当它的根系碰到地下金矿矿脉后,会从中获取金元素,并将其沉淀在树叶里。

刺激的桉叶油

在桉树的多个品种中,主要从蓝桉和直杆桉中提取桉树油。桉树油中含有桉叶油醇,具有刺激性的清凉香味,有一定的防霉、杀菌、防腐作用,广泛用于牙膏、漱口剂、食品和药品中。

良好的绿化树种

桉树树姿优美,四季常青,生长速度快,抗旱能力强,是很好的行道树、防风固沙和园林绿化树种。

桉树人工林也是一个巨大的碳库,据研究,每公顷桉树每年可吸收9吨的二氧化碳,同时释放氧气,使造林地区的小气候得到改善,环境得到优化。

考拉最爱它

考拉也叫树袋熊、无尾熊,是一种十分可爱的动物。不过它们也是一种对食物非常挑剔的动物——它们只吃桉树叶。虽然桉树叶中的纤维含量特别高,但营养成分含量特别低,并且还有很大的毒性,其他动物都不吃这种树的叶子,不过考拉却有一套非常完善的身体机制与之相适应。

科学家认为,首先,考拉体内有一种微生物,能够帮助它们解毒,所以桉树叶的毒性对它们没有影响。其次,因为考拉"懒极了",它们每天要睡18~22个小时,这导致它们的新陈代谢非常缓慢,能最大限度地消化和吸收桉树叶的营养物质,也可以让考拉节省能量,保存体力。

毒扁豆：
神乎其神的"神裁毒药"

19世纪，一位英国军医前往非洲考察时，目睹了一场用豆子来裁定人是否有罪的审判。

当时，在尼日利亚的老卡拉巴尔地区，人们会给被指控为使用巫术或有其他罪行的人，喝一种把豆子捣碎泡在水里制成的药水，如果被指控的人喝了药水后呕吐却没有死去，他就被认为是无罪的，从而获释。相反，如果此人被毒死了，就会被认为是罪有应得。

这种奇特的审判方法被称为"神裁法"。审判中使用的豆子——扁豆，也被称为"卡拉巴尔豆"。事实上，这种做法是可以人为干预的。主持审判的人可以通过选择更容易引发呕吐的新鲜豆子或毒性更强的成熟豆子，来制作药水，从而控制审判的结果。

1864年，科学家从毒扁豆中提

取出了致命的毒素——毒扁豆碱,这种可怕的毒素能够破坏身体的神经系统,最终让人痛苦地窒息而死!

虽然从现代科学角度来看,"神裁毒药"完全是无稽之谈,不过有趣的是,换一个角度分析,"神裁法"也有一定的"道理"。

如果犯人知道自己是清白无辜的,那么他可能会快速地吞下药水,因为他相信自己不会受到"神裁毒药"的伤害。这种做法会让口腔没有时间吸收足量的毒素,从而大大降低毒扁豆对人体的伤害。

相反,如果一个人知道自己是有罪的,那么在心虚、害怕被审判等压力下,他更有可能会小口小口慢慢地喝。但慢慢吞咽的结果就是让身体完全吸收了毒素,并让他最终"服罪"送命。

"神裁毒药"大家族

毒扁豆是生长在热带的植物,果实是又长又扁的豆荚,豆荚里长着深褐色的大豆子。除了它以外,世界上还有许多种"神裁毒药",譬如马达加斯加毒果树、番木鳖、箭毒木等,每一种都能够置人于死地。

毒扁豆也能治病救人

虽然河豚体内有剧毒,但只要处理得当就可以变成美食。另外,科学家也发现,河豚毒素能够有效地缓解因不同病症引起的疼痛。

可见,化学物质本身没有好坏之分,它们对人的影响完全取决于我们所使用的剂量和条件。

毒扁豆也一样。如毒扁豆碱是从毒扁豆中提取到的一种生物碱,含毒扁豆碱0.25%～0.5%的水杨酸盐,有缩瞳和降低眼压的作用,可用来治疗急性青光眼。不过由于毒扁豆碱对人的中枢神经有一定的损害作用,所以现在已经很少大剂量地投入临床使用了。

它其实离我们很近

别以为有毒的豆类只存在于遥远的地方或传说中,其实我们生活中常见的四季豆、扁豆等豆类中,也含有一定量的毒素。

例如扁豆,它本身含有两种毒素:红细胞凝集素和皂素。它们对胃肠道有刺激性,会使人出现恶心、呕吐、腹痛等症状,重者还会出现头晕、胸闷、呕血等症状。

但也不用对此过于担心,只要在烹饪前择净扁豆角的两端及荚丝,并且将其彻底煮熟,它们就没有毒啦,完全可以放心食用。

毒芹：
使苏格拉底殒命的"植物杀手"

公元前399年，是哲学史上让人们永远难忘的一年——古希腊伟大的哲学家苏格拉底被雅典人民法庭判处死刑。苏格拉底在监狱里等待处决的时候，他的弟子们轮流来到监狱探视，陪伴这位伟大的哲学家度过最后的日子。一个月后，苏格拉底和妻儿告别，在他的几个弟子面前饮下毒药，从容就死。

18世纪末，由法国著名画家雅克·达维特创作的油画《苏格拉底之死》，就生动地描绘了当时的场景：苏格拉底镇静自若，用右手接过盛有毒药的杯子的同时，依然高举左手，表明信仰不变，周围的人则个个神情哀恸。整幅油画悲伤的气氛扑面而来，更突显了苏格拉底不屈不挠为真理而

斗争的精神。

文献记载对苏格拉底之死是这样描述的：凉意从脚底向上扩展，身体产生麻痹，当心脏受影响时，死亡也就到了。由此，人们推测，毒死苏格拉底的毒液很可能来自一种叫毒芹的植物。

毒芹中有个"芹"字，是不是和我们日常吃的芹菜有什么关联呢？没错，毒芹又名野芹菜，枝叶和家常的芹菜很像，但它全身有毒，其中根茎的毒性最强。

有人将毒芹称为"先锋植物"，那是因为它的种子很容易发芽，即使在贫瘠的土地上也能很快生长。由于这一特性，因此毒芹通常是春天最早出现的一批植物之一，而喜欢采食野菜的人们要是不注意，很容易误食中毒。

在我国东北牧区，这种情况发生的概率更高，人畜不慎吃了毒芹，就会出现恶心、呕吐、四肢麻痹等症状，严重的会死亡。因此，一旦误食要立刻就医，千万不可盲目处理，以免造成不可逆转的伤害。

为真理舍生取义

苏格拉底是古希腊著名的思想家、哲学家、教育家,他和他的学生柏拉图,以及柏拉图的学生亚里士多德被并称为"古希腊三贤",也被认为是西方哲学的奠基者。

据说雅典人民法庭判处苏格拉底死刑的判决下达后,苏格拉底的弟子柏拉图等人通过收买狱吏,为恩师策划了一个万无一失的逃跑方案。

然而无论弟子们如何苦劝,苏格拉底都不为所动,理由是:"你们不应该反对法律,我也不准备反对法律。"

苏格拉底用生命诠释了追求真理的决心和勇气,也由此告诉人们,追求真理的过程并不平坦,需要坚定的信念,付出艰辛的努力并坚持不懈。而人类科学的一次次伟大进步,也正是一代代科学家不断探索、勇于牺牲、执着坚守的结果。

天使与恶魔并存

毒芹的主要有毒成分为毒芹碱、甲基毒芹碱和毒芹毒素。人中毒量为30～60毫克,致死量为120～150毫克。与毒芹形态非常相似的还有一种被称为"水毒芹"的植物,其毒性更甚于毒芹。

不过,自然界就是如此神奇,毒芹不仅有"恶魔"的一面,还有"天使"的一面。原来,毒芹中还含有一种叫作"芹菜素"的物质。芹菜素具有抑制致癌物质活性的作用,是目前医学界研究癌症治疗的宝贵材料。

高温也不怕

毒芹中含有的毒素十分稳定,即使用100℃的开水煮沸或用高压锅蒸煮也不能破坏其毒性。所以千万不要抱有"只要煮熟了就没事"的幻想,大家在野外游玩时,不随意采食野菜、野果才是最正确的做法。

相思子：
此"红豆"非彼"红豆"

"红豆生南国，春来发几枝。愿君多采撷，此物最相思。"这首由唐代大诗人王维所写的《红豆》，相信你一定在课堂上读过，也一定深深陶醉于诗中所描绘的优美意境。

读完诗，再说说这诗里提到的红豆。古人诗里的红豆大多是红豆属植物的种子，红豆属植物生长于南方，有约120个品种，但它们的种子很相似，大多通体绯红，质地坚硬。人们因此赋予红豆"天长地久、坚贞不变"的含义，称它为"相思豆"。人们喜欢将相思豆赠予爱人，以表达对对方的思念和爱意。

但植物界还有另一种"红豆"，叫"相思子"，也叫"鸡母珠"，又称"美人豆"，是一种很漂亮的植物种子。

这种种子的三分之二为红色，剩余的顶部为黑色。它们非常适合做装饰品，常常被制成项链和手链出售，有的国家甚至还会从国外进口这种首饰。相思子在宗教盛行的国家尤其受欢迎,常被制作成念珠。

然而,很多人不知道的是,相思子含有有毒成分相思子毒蛋白,这种毒素比蓖麻毒素更致命——不到3微克的相思子毒蛋白就足以致命,而每颗相思子所含的毒素通常都在3微克以上,所以这是一种十分危险的植物种子。

如果误食相思子,会出现严重的恶心、呕吐和脱水等症状,严重时,甚至会丧命。曾经就发生过工作人员在串相思子时,不慎刺破手指而中毒身亡的事件。

绝对不是近亲

相思豆和相思子名字只有一字之差，因此很多人误以为它们是近亲。

但在前面已经说过，古人口中表达爱意的相思豆是红豆属植物的种子的统称，现在已不可考王维诗中的"红豆"到底是红豆属中的哪一种。而相思子根本不属于红豆属植物，它是相思子属植物。并且红豆属植物是木本植物，而相思子的植株是藤本植物，所以两者其实一点关系也没有呢。

名字传说

相传汉代时，闽越国的一名男子被强征去守卫边疆，他的妻子思夫心切，整日站在村口的一棵大树下，从早晨等到傍晚，一直盼望着丈夫能早日回家。后来，与丈夫同去的人返回了家乡，但她仍然没有丈夫的消息。妻子伤心欲绝，哭得肝肠寸断，倒在树下泣血而亡。这时，那棵树上突然结出了荚果,里面的种子半红半黑,晶莹鲜艳。人们认为这是上天对妻子忠贞爱情的褒奖,于是便称其为"相思子"。

旺盛的生命力

相思子的生命力非常旺盛,如果不加控制,就会抢占其他植物的生存空间。在短短三个月内,一株相思子植株的藤蔓就可以长到6米。这种植物原产于印度尼西亚,而现在已遍布全球的热带和亚热带地区,甚至在美国都能发现它的踪迹。

有毒的茶

据说,某些地方流传着这样一种饮茶习俗:把相思子的茎泡入茶水中来增添茶水的香气。事实上,相思子的茎也是有毒的,只是相比种子来说毒性要小很多。所以,为了身体健康,这种茶还是不喝为妙。

除虫菊：
让害虫们泪流满面

夏天的夜晚，可恶的蚊子总是在人们耳边"嗡嗡"地叫个不停，搅得人不能入眠。当你打开灯想要消灭它时，它又躲得无影无踪了，真让人气恼呀！

可要是挂上一顶蚊帐吧，又让人觉得有些闷热。这时候，很多家庭都会使用一种灭蚊利器——蚊香。一旦点燃蚊香，那袅袅上升的青烟不多久就会让那些扰人清梦的蚊子晕头转向，纷纷跌落下来，一命呜呼。

但也有人不喜欢使用会冒烟的蚊香，那怎么办呢？这时，你不妨在窗台上放几盆除虫菊，来个纯植物杀蚊。蚊蝇接触了除虫菊花朵上的无色的黏稠液体后，就会神经麻痹，中毒而亡。

这种无色的黏稠液体中含有一种叫"除虫菊酯"的成分，它可以从除虫菊的根、茎、叶、花里提取出来，能用来配制各种杀虫剂。

除了蚊蝇，除虫菊酯还能毫不留情地杀灭蚜虫、菜青虫、棉铃虫等害虫，也能让臭虫、虱子、跳蚤等吓得四处逃窜。

除虫菊酯不仅除虫本领强，而且是一种毒性相对较低的天然杀虫剂，因为它的自然分解速度较快，一般来说对环境的影响较低，是一种安全环保的生物杀虫药剂。此外，它还可以用来治疗疥癣，也是小儿打虫药的原料，十分安全有效。

除虫菊酯用途广泛且危害性低，这对农业杀虫、植物养护来说实在是好消息，因为绿色环保、可持续发展一直是当今人类追求的生活主题。

更多想知道

"植物农药"

除虫菊和烟草、毒鱼藤被合称为"三大植物性农药"。

在春夏之交,把即将开放的除虫菊花朵采摘下来,经适当加工后得到一种粉末,将这种粉末与水搅匀后得到的液体进行喷洒,可以防治农业上的多种虫害。即使是简简单单地把除虫菊植株整个浸泡在水中,这种浸出液也有良好的防虫效果。

除虫菊酯杀虫时会攻击昆虫的神经系统。当其含量低于对昆虫致命的含量时,它们仍然具有驱虫作用。除虫菊酯对鱼类、两栖动物及爬行动物也有一定的毒性,而对鸟类、哺乳动物的毒性则不明显。

蚊香的制作方法

除虫菊中的除虫菊酯也是制作蚊香的原料,其实做蚊香并不难,如果你有兴趣,不妨按照以下步骤试着做一做吧：先把100克除虫菊粉、96克榆树皮粉、2克萘酚、2克色粉混合在一起，接着加入一定量的水，像揉面团一样将其揉成可塑形的泥状。最后，把泥状物搓成细细的长条状，一圈一圈盘起来，放到阳光下晒干。这样，自制的环保蚊香就做好啦。

美丽的外表

除虫菊不仅驱虫能力出众，而且有美丽的外表。除虫菊植株约半米高，绿色的叶子像羽毛一样舒展，开出的花朵呈白色、淡紫色和各种深浅不同的红色，看起来淡雅而别致。

每年的5月至6月是除虫菊的盛花期，在除虫菊种植园内，大片的除虫菊竞相盛开，美不胜收！

箭毒木：
见血封喉的毒木之王

19世纪中期的一天，一队英国殖民者正在悄悄靠近加里曼丹岛依兰山脉附近的一个小山村，想要攻占它。此时天色微明，薄薄的晨雾笼罩着这个小山村。但整个村子很安静，安静得似乎有些不寻常。

原来，村里的妇女、老人和儿童早已躲藏到了密林深处，而村里的青壮年们正在备战。他们小心翼翼地将一种特殊树木的树皮划开，把从切口处渗出的黏黏的白色浆汁收集到容器里，然后把箭头浸到这种浆汁中。就这样，一支支杀伤力很强的毒箭制成了。

雾气渐渐散尽，山村的面貌逐渐清晰。在这个群山环

抱的村庄里，只有一条小路通向外界，周围是茂密的原始森林。来犯的英国殖民者敲着军鼓，趾高气扬地逼近村庄。忽然，从道路两侧的丛林中射出许多支箭来。中箭的英国殖民者开始还不以为意，但很快便一个个倒地死去，无一幸免。太可怕了，简直比枪炮还厉害！英国殖民者以为碰到了魔鬼，吓得狼狈逃窜。

后来，植物学家终于弄清了这种植物的身份。原来，它就是世界毒木之王——见血封喉的箭毒木。箭毒木毒性之强非比寻常。那些中箭的英国殖民者全都死于血液凝固、心脏骤停，而导致这些症状的，就是箭毒木汁液中所含的剧毒"强心苷"。

在很早以前，中国海南黎族的猎手也曾利用这种树的毒性来狩猎。只要将树的浆汁涂在箭头上，箭头一旦射中野兽，野兽很快就会因鲜血凝固而倒毙。至于当地流传的"七上八下九不活"的谚语，意思是凡被射中的野兽，在逃窜时若是走上坡路，最多只能跑七步；走下坡路最多只能跑八步，跑第九步时就要毙命。

恐怖的"鬼树"

由于箭毒木毒性剧烈,海南许多地方的村民称它为"鬼树",不敢触碰它、砍伐它,生怕有生命危险。

在海南的台地、丘陵和低海拔林地,仍可偶见高大而孤立的"见血封喉树"。善良的人们常会在"见血封喉树"下围放或种植带刺的灌木丛,以免人畜不小心接触它而中毒。

饮毒化树杀猛虎

相传千百年前,中国的西双版纳地区曾经发生过一次大洪水。洪水过后,准备重建家园的人们上山伐木,却在林间碰上了77只猛虎。丛林中的这些猛虎伤人无数,但因为数量众多,猎人毫无办法。

听到村民们哀叹,一个名叫波洪沙的男子,决心除去虎患。但他身单力薄,怎样才能杀死这些作恶的猛兽呢?波洪沙想出了一个办法。他服下毒药,死后化成一棵树,树的汁液中含有剧毒。猎人们割开这树皮，将含有剧毒的汁液涂在箭头上，终于射杀了猛虎。

别具特色的纺织材料

别以为箭毒木毒性很大，人们只能敬而远之，其实，它的树皮很有用。

箭毒木的树皮特别厚，而且富含细长柔韧的纤维。因此，生活在西双版纳的少数民族常常用它制作褥垫和衣服。

取一段长度适中的树干，用小木棒均匀敲打，当树皮与木质层分离时，取下整段树皮，将其放入水中浸泡一个月左右，再放到清水中边敲打边冲洗。这样便能除去毒液，脱去胶质，晒干后就会得到一块洁白、厚实、柔软的纤维。

当地人用这种材料制作的褥垫，既舒适又耐用，睡上几十年还具有很好的弹性；用这种材料制作的衣服，既轻柔又保暖，深受当地居民喜爱。

大麻：
曾被视为"灵药"的致幻高手

"五谷"（一种说法为麻、黍、稷、麦、菽；另一种说法为稻、黍、稷、麦、菽）是中国传统的农业种植作物，而其中的"麻"就是大麻，也是中国古代的一种经济作物，其种植历史可以追溯到5000年前的仰韶文化时期。这种一年生草本植物的韧皮纤维是最早的纺织纤维之一，可以用来制作绳索、渔网，以及平民大众的衣服。即使在有了丝织品的年代，因其价格昂贵，只有富贵人家穿得起，因此麻依然是日常生活中被广泛使用的一种材料。

虽然现在提到大麻，很多人首先想到的是毒品。这是因为大麻中含有一种被称作"四氢大麻酚"（英文简称为THC）的化学成分，它能够让人在吸食之后产生幻觉，同时还有成瘾性。

但大麻作为一种植物有很多品种,其中多数大麻品种的四氢大麻酚含量极低,几乎都不具备致幻作用。因此20世纪90年代国际上将THC含量低于0.3%的大麻称为"工业大麻",THC含量高于0.5%的大麻称为"药用大麻"。

药用大麻最早产于印度,印度人很早就开始吸食大麻,传说中的毁灭之神湿婆就教导其信徒要崇拜这种植物。在印度古籍《吠陀经》中也有关于大麻的记载。后来,这种大麻由印度传入周边地区,并因其奇特的致幻作用而流传开来。如古代犹太人、早期基督徒都会在某些宗教仪式中使用大麻,让教士或者信众进入幻觉状态。

现代研究表明,少量吸食大麻,会让人产生幻觉,若吸食过量,则会中毒,出现冲动、焦虑和悲观厌世的急性抑郁症状。长期吸食大麻会诱发癌症,吸食者患上精神病的概率会高出正常人两倍。所以,包括中国在内的全世界绝大多数国家,都禁止吸食、销售大麻。

沟通神明的"灵药"

考古学家从罗马尼亚境内一个约公元前3500年的部落遗址中,发掘出一个装有大麻种子的炭炉,据考证这可能是宗教仪式的一部分。

古代色雷斯人的巫师会通过燃烧大麻的花来达到灵魂出窍的状态,他们认为这样做能沟通神明,获得启示。

用途广泛的大麻

在古代,大麻是一种被广泛种植的经济作物,考古发掘表明,人类自新石器时代起就开始使用麻绳。大麻不仅可以用来织布编绳,也可以作为生产油脂、纸张的原材料。古代医师还会用大麻来治疗多种疾病,如耳痛、关节炎、惊厥等。

可见,大麻也具有两面性。如果滥用大麻,就会造成严重的危害;如果使用得当,就能造福人类社会。

未来有发展

大麻中不仅含有致幻的四氢大麻酚(THC),还含有一种名为"大麻二酚"(英文简称为CBD)的成分。CBD成分不具毒活性,其在化妆品、药品,尤其是在消炎、止痛及对抗帕金森病、阿尔茨海默病等疾病方面有着巨大潜力。

中国是世界上三个主要的工业大麻生产地之一,另外两个地方分别在北美洲和欧洲。

2018年《中国农业统计年鉴》中的资料显示,中国工业大麻种植面积约占全世界的50%,但主要为纤维性用或油用。

随着CBD成分价值的被肯定,在工业大麻的药用领域,中国的科研人员正在不断地攻坚克难,为人类生活造福。

舟形乌头：可怕的"食材"

19世纪时一个夏日的夜晚，苏格兰一个名叫丁瓦的村子里正在举办一场欢乐的晚宴。因为主人是当地有名的大人物，所以宴会邀请了包括两名教堂神父在内的当地所有有头有脸的人。

晚宴非常隆重，丰盛的食物和悦耳的音乐让整个村庄充满了欢声笑语。突然，原本谈笑风生的两名神父感到呼吸困难、浑身难受，没一会儿，他们就倒在地上不省人事了。

主人吓坏了，连忙把他们送到了医院，但不幸的是，两名神父最终还是不治身亡了。

晚宴以这样悲惨的结局收场后，当地警方立刻展开了调查：到底是谁谋杀了两位受人尊敬的神父呢？经过缜密的调查，他们发现，原来，这

一切并不是蓄意而为的阴谋,悲剧的发生只是因为一个小小的失误。

宴会当天,掌厨的厨师让仆人去挖一些山药回来,以便制作烤肉的酱料,但粗心的仆人把一种叫"舟形乌头"的植物根部当作可食用的块茎挖了回来,而厨师也没有发现食材有误,就这样把舟形乌头磨进了酱料里。

两名神父因此丢掉了性命。其他吃了酱料的客人,虽然侥幸逃过一劫,但也都不同程度地感到了身体不适。

舟形乌头的根部颜色有些像山药,但形状又有点像马铃薯,其毒性来自于一种生物碱——乌头碱,它能麻痹神经、降低血压,甚至导致心跳停止。如果人们误食了舟形乌头的根部,轻者会呕吐不止,重者可能会窒息而亡。

所以,当你看到类似山药的植物根茎时,千万不要掉以轻心,一旦把舟形乌头当成山药误食,麻烦可就大了。这也再次告诉我们,在野外活动时,千万不要乱采摘不认识的植物来食用。

各部位都有毒

舟形乌头的紫色花朵长得有些像帽兜。你可以凭这个特征去辨认这种植物。

不过,一旦确认你看见的植物是舟形乌头,你就要加倍小心了,因为不仅是根部,舟形乌头的各部位都含有剧毒。

罪行累累的"凶手"

在19世纪以前,90%以上的中毒案件都与植物有关,因为在当时的人们看来,利用植物下毒是一种"优雅"的谋杀手段。唉,这种理由听起来真是令人不寒而栗呢。但在19世纪以后,这一比例下降到7%,主要原因是出现了大量的人工合成毒药。

如果真的有人心存歹念,想利用植物或人工合成毒药下毒,那最好还是赶紧打消这个可怕的念头。在刑侦技术越来越发达的今天，此类作案手法很快就会被识破。

书中的神奇药水

在希腊神话中，刻耳柏洛斯为众妖之祖堤丰与蛇身女怪厄客德娜所生，是冥界入口的看门犬，也被称为"地狱犬"。这怪物外形凶恶可怕：它有三个头，长着蛇的尾巴，脖子上盘绕着毒蛇。赫拉克勒斯把它从冥界带到地上后，它在狂吠时从嘴里喷出毒液，毒液滴落之处长出了致命的乌头。

自中世纪以来，舟形乌头因为被巫师用以制成各种药剂而闻名。在畅销小说《哈利·波特与阿兹卡班的囚徒》中也提到了这种植物——斯内普教授将舟形乌头浸泡后得到一种药水，帮助卢平教授控制变身。

坏女人花：
理想的家庭"防盗系统"

美国新墨西哥州，一个风和日丽的早晨，一群少年背着大包小包兴高采烈地去郊游。他们来到了位于城市边缘的沙漠地带，在温暖的阳光下尽情嬉戏打闹。玩累了，他们就铺开餐布，摆上带来的食物，大吃一顿。直到太阳快落山的时候，他们才心满意足地回了家。

第二天，其中一个女孩的手上长出了让她瘙痒难耐的红疹子。医生并没有把这当回事，只是给她开了一些抗过敏药。按理说，这些药对大多数因过敏产生的皮肤瘙痒都很有效，可奇怪的是，女孩的症状一点也没有减轻。

接着，不仅是手上，这个女孩的后背上又出现了一片紫红色瘢痕，令她疼痛难忍。女孩去寻求其他医生的帮助，但

好几个医生都无能为力,直到一位医生用类固醇药物给她治疗,情况才得以改善。那瘢痕慢慢变成了褐色,再慢慢地消失。但最后一点褐色色素,足足花了两个多月才消退。

人们不禁要问,到底是什么引起了这些可怕的疹子?神秘的瘢痕又是怎么来的呢?医生推测,这可能是一种被称为"坏女人花"的大戟科植物惹出的麻烦。坏女人花一般生长在沙漠里,会分泌有毒的汁液。那女孩很可能在郊游的时候误入过一丛坏女人花。

坏女人花主要分布在美国西南部以及墨西哥地区。这种植物的可怕之处是会向外渗出一种具有腐蚀性的乳状液体,如果不小心接触到这种液体,会导致皮肤刺痛,令人痛苦不堪,严重的还会导致皮肤溃烂、变色,留下难以恢复的疤痕。

在许多地方,人们会在房子外围上一圈栅栏或带刺的铁丝网作为防盗手段。可在有坏女人花的地方,一些当地人只需在房子周围种植坏女人花就足够了,因为这种可怕的植物堪称纯天然的家庭防盗系统,比铁丝网还有效呢。

避之唯恐不及

坏女人花的外表看起来既没有攻击性也没有防御力,白色的小花甚至会让人觉得清新雅致,但它可比其他看起来有毒的植物要"精明"得多。因为只有凑近仔细看,你才会发现它的茎秆表面铺满了尖刺,并且这些尖刺非常坚硬,扎一下可不得了。

坏女人花会分泌出一种腐蚀性液体,这种液体会刺激人的皮肤,导致接触性皮炎。

如果你去美国或者墨西哥旅行,看见这种厉害的花,只要远远地欣赏就好,千万不要因为好奇而接触它,否则被它的液体沾染上可就不是闹着玩的了。

还原剂

　　坏女人花所分泌出的腐蚀性的乳状液体，倒也不是什么用都没有，人们可以用它提炼制作成漂白剂或漂白粉，它含有的氧化性物质，有漂白作用。这种物质能使彩色的衣物褪去颜色或让染上杂色的白衣重新变回白色，人们也称这种物质为还原剂。

视力杀手

　　渗出乳状液体是许多大戟属植物的共同特征，这种液体不仅会刺激皮肤，如果不小心将这种植物渗出的液体弄到眼睛里，还会对视力造成不可逆的损害。

烟草：
收割无数生命的"死神镰刀"

有一种植物，它像死神的镰刀一样，每年有800多万人死于由它引起的疾病。这种凶猛无比的植物就是烟草。

烟草栽培源自约公元前5000年的美洲，当地原住民在部落会议和祭祀仪式上吸食烟草，用于医疗目的。后来，哥伦布将一些烟叶和种子带回了欧洲。

与哥伦布同行的一些西班牙水手回国后，如在美洲一般"吞云吐雾"时，曾让家乡人大惊失色，认为他们是在和魔鬼打交道，西班牙宗教法庭也将他们投入了监狱。但慢慢地，到了16世纪，这种曾被视为魔鬼的植物，终于让越来越多的欧洲人品尝到了它的滋味。

现在，全球已经有超过13亿人染上烟瘾，这些烟草的俘虏，一开始大都只是出于好奇，或者为了消除疲劳、缓解压力，尝试性地"来上一根"，可很快，烟草中一种名为"尼古丁"的生物碱，让吸食者染上了很难戒除的烟瘾。

尼古丁是一种神经毒素，可以当杀虫剂使用，也是造成香烟成瘾的主要物质。当血液中的尼古丁含量达到一定浓度以后，会和其他几十种有害物质一起，让吸烟者在肺部、心血管方面的得病概率比不吸烟者高出几十倍。研究显示，吸烟和30%左右的癌症的产生有关。并且吸烟这种习惯不仅危害了吸烟者本身，还让周围的人被动吸食空气中的二手烟，从而危害他人健康。

现在人人都知道"吸烟有害健康"，但香烟比起烟草来，还真是小儿科。烟草中实际含有的尼古丁成分要多得多。如果嚼食几片烟叶，或者用烟叶泡水喝的话，就会导致尼古丁中毒，甚至出现胃痛、呼吸困难等症状。

此外，皮肤长时间接触湿烟草，植物表面的尼古丁也会对人造成危害。野外工作者如果裸露皮肤经过湿润的烟草丛，或采摘烟草者的衣服被雨水和晨露浸湿时仍然继续工作，就可能染上一种叫"绿色烟草病"的疾病。

更多想知道

为烟作诗的人

"独自一人,我点燃了一支烟。就像,点燃我自己。我,只是尘土一粒。随着烟雾消失不见。"这是17世纪英国诗人约翰·弥尔顿写的一首关于烟草的诗。但不管诗人如何为烟草赋予诗情画意,在医学界早已达成共识的情况下,为了自己和他人的健康,还是不抽烟为好。

电子烟

"戒烟神器""时尚个性""口味众多"……近年来,电子烟凭借各种新概念、新特性,受到了众多年轻消费者的追捧。电子烟是一种模仿卷烟的电子产品,有着与卷烟相似的外观、烟雾、味道和口感。那电子烟真的无害吗?

电子烟虽然不含焦油,但仍有其他多种致癌物质。世界卫生组织对电子烟的说明显示:电子烟有害公共健康,它更不是戒烟手段,必须加强管制电子烟,杜绝其对青少年和非吸烟者产生危害。

中国于2022年5月1日正式实施《电子烟管理办法》,对电子烟的生产许可、销售方式等提出了明确规范和要求。

烟草危害

烟草危害是当今世界严重的公共卫生问题之一。世界卫生组织的统计数字显示,烟草每年导致800多万人死亡,其中大约有130万人是接触二手烟的非吸烟者。

吸烟时产生的烟雾被称为烟草烟雾。烟草烟雾中含有多种化学成分,其中许多为有害物质,会对人体健康造成危害。如今越来越多的人意识到了吸烟的害处,很多国家已经禁止在公共场所吸烟,以保护公众的健康。

而在亚洲国家不丹,更是于2004年通过全国禁烟的法律,并于2010年正式实施,成为世界上第一个禁止销售烟草的国家。但在2020年,由于烟草走私导致不丹国内新冠病例激增,不丹政府决定取消全国范围内的禁烟令,但烟草的生产和制造仍将被禁止。不丹政府希望通过宣传,让更多年轻人自觉禁烟。

千屈菜：
从"美女"变"无赖"

有一种植物曾备受英国生物学家达尔文的青睐。它长着美丽的紫色花穗，有着顽强的生命力，只要有阳光就可以茁壮生长。这种植物名叫"千屈菜"。

达尔文曾写信给美国著名植物学家阿萨·格雷，希望格雷可以给他寄一些植物样本。

他在信中的语气就像小孩向大人讨要糖果一样，让人忍俊不禁："拜托，行行好吧，如果可以就找些种子给我吧，就给我吧……种子！种子！我想要蔓虎刺的种子，还有千屈菜的……我如此沉醉地盯着千屈菜，无法自拔……"

对千屈菜着迷的可不仅仅是达尔文，很多移民到美国的欧洲人都喜欢在自家房前种这种植物。园艺家更是热心地向人们建议将千屈菜种在花园中较难处理的位置，比如阴暗的角落、土壤贫瘠的地方，因为千屈菜的生命力很强，可以在各种环境条件下生存。

可是后来，人们发现，千屈菜是一种极具侵略性的植物，它会不断地扩张地盘，抑制其他植物的生长。人们因此称它们为"美丽的无赖"！但很快，在人们的心目中，这种植物只配得上"无赖"二字了——千屈菜的植株轻易就能长到1米多高,多年生的强健根系可以发出50多条茎,而且一株千屈菜一年就能产生约250万粒种子,这些种子在萌芽前可存活20年!

千屈菜将"无赖"的特质发挥得淋漓尽致,它的疯长会阻塞湿地和水道,还会排挤和取代本地植物,破坏野生动物的食物来源和栖息地。现在在美国,每年要花费约数千万美元来铲除疯狂的千屈菜。

美丽却难以控制

千屈菜外形美观漂亮，是很好的园林造景植物，也可作为盆栽摆放在庭院中观赏。千屈菜不仅长得美丽，也可以食用和入药。

千屈菜入药，可以用来治疗痢疾、肠炎等疾病，还可用于外伤止血。而千屈菜作为食物，更是历史悠久。在中国古代，民间在荒年及春季缺少蔬菜时，会食用千屈菜之类的野菜。

正因为有这么多用处，千屈菜才会被广泛栽种。但事物总有其两面性，当数量过于庞大且难以控制时，它便成了"灾难"。

一物降一物

千屈菜在美国造成了巨大的破坏，还让人束手无策。可是在它的原产地——欧洲，却没有这样的事情发生。这到底是为什么呢？

原来,欧洲有一种以千屈菜为食的昆虫——黑虎甲虫。就是这种天敌,有效地阻止了千屈菜的疯狂扩张。

可见,引进外来植物或动物时,人们应当持小心谨慎的态度,切不可盲目进行,否则就有可能造成生态灾难。

迷路的孩子

别看在美洲千屈菜肆意扩张,极具侵略性,爱尔兰人却给它取了一个柔弱的名字——"湖畔迷路的孩子"。

这是因为千屈菜常掺杂在沼泽或河岸地带的其他植物丛中,单株生长,花色淡雅,看起来真像个迷路的孩子,惹人怜爱。

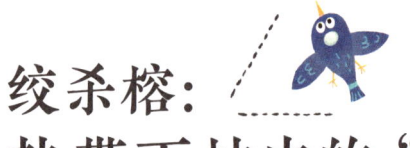

绞杀榕：
热带雨林中的"第一杀手"

在富饶的中国西双版纳热带雨林里，一天，一只小鸟看到了一棵非常奇怪的树，它像是用一根根粗大的绳索编织而成的圆柱形渔网，包裹着另一棵已经枯萎的树。小鸟歪着头打量，认出这是一棵绞杀榕。但小鸟并不害怕，因为绞杀榕对鸟类来说并不危险，而且它的种子十分可口。

小鸟美美地吃了一顿后飞走了。飞行时，它拉下的一坨屎刚好落在一棵高大的油棕树的树枝上，鸟儿的粪便里面有一颗绞杀榕种子。

几天后，绞杀榕种子开

始发芽。然后幼小的榕树长出了一些气生根,这些根沿着油棕树向下生长,一直延伸到土壤中。从此,土壤中原本属于油棕树的营养被源源不断地通过气生根输送到绞杀榕幼苗内,让绞杀榕幼苗变得越来越强壮。它的气生根不断交叉、融合、分枝,紧紧抱住油棕树。它的枝叶一直长到比油棕树的树冠还要高,尽可能多地抢夺阳光。可怜的油棕树就这样被夺走了阳光和养分,渐渐迈向死亡。绞杀榕又杀死了一棵原本可以活很久的大树,巩固了自己热带雨林"第一杀手"的地位。

不过绞杀榕并不单指一种榕树,它是如高山榕、垂叶榕、丛毛垂叶榕、钝叶榕和斜叶榕等生活在热带雨林中的,会做出绞杀行为的榕树的统称。

更多想知道

残忍却有利

你知道绞杀榕杀死一棵油棕树需要多少年吗?如果没有外界因素的干扰,那棵可怜又倒霉的油棕树要被持续绞杀70年之久。在这个漫长的过程中,油棕树没有任何方式可以摆脱自己的厄运,只能任由绞杀榕摆布,最终走向死亡。

但从另一个角度来说,绞杀榕的绞杀行为一般针对的是"体弱多病"的老树,这种行为有利于森林中树种的更新和森林生态系统的健康发展。

什么是气生根?

植物的根一般是藏在地下,并向下生长的,但有些植物的根却不长在地下,而是暴露在空气中,甚至能向上生长。这类生长在地表以上的空气中,具有吸收空气中的水分、支撑植物体向上生长等功能的根，就是气生根。

绞杀榕长出的气生根，一来可以使其牢牢地攀附在寄生的大树上，二来可以帮助它更好、更多地吸收养分，占据有利的生长地位。

独木成林

榕树并不都具有绞杀性，独自生长的榕树，它的枝条上会不断长出气生根，向下伸入土壤形成新的树干，使其树冠不断向四面伸展，形成蔚为壮观的"独木成林"现象。在中国广东省江门市新会区环城乡的天马河边，就有一株古榕树，其树冠的覆盖面积约15亩（10000平方米），可让数百人在树下乘凉。

较高的药用价值

绞杀榕虽然名声不好，但其中一些种类的榕树具有较高的药用价值。它的根、皮、叶有清热、消炎的功效，能治高热抽搐、腹泻痢疾、风湿、腰腿酸软等病症。

曼陀罗：
威名赫赫的"癫狂之花"

1607年，一批拓荒者来到美国弗吉尼亚州一个名叫詹姆斯镇岛的地方。这里视线良好，有利于警戒西班牙征服者的来袭，而且还有很深的峡湾，能让船只航行停靠，最棒的是岛上没有原住民，避免了很多外交麻烦——这真是一个完美的前哨站，拓荒者们大喜过望。然而没过多久，他们就发现了这个岛的可怕之处。

这个岛上不仅蚊虫众多、饮用水肮脏，而且没有可靠的食物来源。但是，岛上却遍布着一种诱人的漂亮植物。一些拓荒者在饥饿难耐之下，把这种植物当作了食物。结果，他们很快就一命呜呼了，临死前还出现了幻觉，产生了痉挛、呼吸衰竭的症状。这让幸存者们惊慌不已，他们第一次真正见识到

这种名叫"曼陀罗"的植物的凶猛。

大约70年后,一群英国士兵登岛,来镇压当地居民的叛乱。这里的居民,也就是70年前的那批拓荒者的后代们,在无力反抗的时候,他们突然想起了可怕的曼陀罗。于是,他们偷偷把曼陀罗添加到了英国士兵的食物中。

这些英国士兵虽然没有死,却如发了疯一般,这一现象持续了好几天。有历史学家记载了当时的情景:有一个士兵把一根羽毛吹上天;另一个士兵生气地拿麦秆丢向羽毛;还有一个士兵脱得光溜溜的,像猴子一样坐在角落里傻笑,朝大家扮鬼脸;坐在草垛上的士兵亲昵地推打和亲吻着同伴……这一次特别的"曼陀罗之战"虽然没法推翻英国人的统治,不过当地人还是给了它"詹姆斯镇草"的称号。

曼陀罗是一种草本植物,原产于墨西哥,现广泛分布于世界温带和热带地区。曼陀罗全株有毒,其中种子的毒性最大。就是这种毒性,为曼陀罗赢得了赫赫威名。

黑色曼陀罗的传说

在传说中，黑色曼陀罗是一种高贵而神秘的植物。每一株黑色曼陀罗里都住着一位精灵，它可以帮助人们实现愿望，但人们要付出的代价是自己的鲜血。只有用鲜血浇灌那妖娆的黑色曼陀罗，在它开花的时候，精灵才会满足浇灌者一个愿望。

西双版纳热带植物园里的曼陀罗

西双版纳热带植物园位于中国云南省的西双版纳傣族自治州，是一个以热带植物为特色，集科研、科普、旅游于一体的大型植物园。在这个植物园中，生长着许多曼陀罗。曼陀罗茎秆粗壮，叶片表面光滑。而最引人注目的是曼陀罗的花朵，它们像一朵朵大喇叭似地垂向地面，颜色丰富，有白色、黄色、紫色等，花瓣边缘带有波浪状的褶皱，看起来十分优雅。

古代的麻醉剂

曼陀罗的作用听起来有点像麻醉剂,而相传中国古代的医生最先发明了麻醉剂。传说,华佗在诊治一位病人时,偶然发现了一种叫"臭麻子"(也就是曼陀罗)的植物,这种植物能使人失去知觉。

华佗经过不断研究,终于制出了一种麻醉剂,取名为"麻沸散"。为了减轻病人的痛苦,在手术前,华佗会先让病人喝下麻沸散,等病人失去知觉后,再给病人做手术。可惜的是,在华佗死后,麻沸散就失传了。

用曼陀罗待客的古埃及人

人类使用曼陀罗的历史可以追溯到很久很久以前。有一幅古埃及的壁画展示了古埃及人宴客时的场景——主人把曼陀罗的花果拿给客人闻。据说这是因为曼陀罗花果具有一定的迷幻性,可以让客人体验到不同寻常的快感。

响盒子：
带刺，有毒，会爆炸

在奇妙的大自然中，许多种子都堪称旅行高手。它们的旅行方式多种多样：有的是被动物吃掉，然后通过粪便排出，落地发芽；有的表面长着毛刺，能附着在人或动物身上四处旅行，寻找安家之处。

这些都是我们熟知的种子旅行方式，不过，下面这种旅行的方式你可能没听说过，那就是自行弹射。

在果实成熟的季节，如果你漫步于中南美洲的森林中，看到一种树干上长满尖刺的高大树木时，一定要离它远远的，因为它就是俗称植物界"枪炮手"的响盒子。

响盒子的果实还没成熟时，看上去就像一个个可爱的小南瓜，摇晃时可以听到里面种子碰撞发出的沙沙声。

不过响盒子的果实一旦成熟，就不是可爱的小南瓜，而是危险的小炸弹了。成熟的果实会猛地炸开，发出像枪炮射击一样尖锐的声音。果实里面的种子会以约200千米的时速弹射出去，有效射程可达几十米。如果不幸被击中，可真是件倒霉透顶的事！

响盒子不仅会射击，它还是一种有毒的植物。如果皮肤

不小心接触到它的树的汁液,会产生较强的灼烧感,引发皮疹;如果不慎入眼,会使眼部红肿、泪流不止,甚至会导致失明。南美洲的原住民会利用它的汁液来毒鱼或制造毒箭。

响盒子作为木材质量较好,且容易加工,原住民常用这种大树的树干来制作独木舟。不过因为树的汁液以及加工木材时产生的木屑对人体都有害,所以这种树作为木材的利用率还较低。

带刺,有毒,还会爆炸,响盒子真称得上是一种"自我防护无死角"的植物。

别把雄花当果实

雌雄同体的响盒子有着形态差别明显的雄花和雌花，雄花成簇生长，雌花则单独生长。雄花为12～15厘米长的穗状花序，没有花瓣，花萼也小得几乎看不见。这一大串颜色鲜艳的红色穗状物，远远看去就像一串串诱人的葡萄，因此很多人会将响盒子的雄花误认为是它的果实。其实响盒子真正的果实是一个圆盒子，长得像木质的南瓜。

有趣的名字

沙盒子：古时候，人们会把没有爆开的响盒子果实横向切开，利用里面的格子来装吸墨水的沙子，所以它又有了"沙盒子"这样一个名字。

猴不爬：响盒子的全身布满了尖刺，连猴子都不愿意爬，所以就有了"猴不爬"这个称号，真是直接又有趣。

营养高也不能吃

响盒子种子的蛋白质和脂肪含量都很高，蛋白质含量超过25%，脂肪含量约37%。但别看响盒子的种子营养价值高，它也是有毒的，因此不能食用。

自力更生的"旅行爱好者"

大自然中还有其他植物在传播种子时也会采用"弹射法"，例如豆科、大戟科、爵床科和葫芦科等在内的一些植物。

橡胶树的果实在秋天成熟后会爆裂开来，发出巨大的"噼啪"声，把种子散布到四面八方。

生长在欧洲南部的一种名为"喷瓜"的植物，其果子成熟时，会从枝干上掉落，果子里面的黏液会带着种子一起，从果子的一头喷射出去。

苦艾：
被酒精拖累的坏名声

提到"艾"，很多人会想到清明节时吃的艾青团子吧？也会想起端午节在家门口插的艾叶吧？可它怎么跟"恶魔"之类的词挂上钩了呢？其实，我们平时所用的艾草和今天要讲的苦艾不一样，虽然都有个"艾"字，但它们在外形、习性等方面都有很大不同。

苦艾之所以被归入"凶猛"植物的行列，那是因为，用苦艾作为原料之一调制而成的苦艾酒，一度在欧洲引起了轩然大波。苦艾酒是一种烈性酒，酒精含量高，直接饮用可能会灼伤味蕾。最理想的饮用方式是先用水和方糖稀释。

或许正是由于独特的口味和高浓度的酒精能让饮用者产生飘飘欲仙的迷醉感，苦艾酒一度受到欧洲人的热烈欢迎，尤其受到一些艺术家和文学家的青睐，他们认为能够从苦艾酒中得到创作灵感。

苦艾酒的风行,让街头的醉汉明显多了起来。1905年,瑞士的一个酒鬼农民喝了苦艾酒后,竟然杀死了家人,并试图自杀。这桩凶案引发了人们对于苦艾酒的激烈争论。就这样,在全民投票后,取缔苦艾酒的法令被写入了《瑞士联邦宪法》。随后,在整个欧洲和美国的禁酒运动中,苦艾酒也被禁了。

1907年,一份禁酒请愿书更是呼吁人们关注苦艾酒的"罪行":"苦艾酒使你疯狂,诱导你犯罪,引发癫痫、肺结核,使成千上万的法国人葬送生命。它将男人变成凶猛的野兽,将女人变成悲惨的牺牲者,将小孩变成败类。它破坏家庭,毁灭幸福,威胁整个国家的未来。"

虽然苦艾酒中含有一种会致人肌肉痉挛的"侧柏酮"成分,但就苦艾酒中所含的侧柏酮量来说,并不会产生多大的不良影响,而且欧盟在恢复苦艾酒生产和销售的合法性后,对酒中侧柏酮的含量作了严格规定。如果要说对人体的伤害,更多还是高浓度的酒精。

更多想知道

诱人的颜色和别称

苦艾酒呈现出天然的淡绿色,颜色迷人,再加上饮用苦艾酒会让人产生迷醉感,因此苦艾酒就有了"绿妖精""绿精灵""绿仙子"等美妙的称呼。

苦艾全像

苦艾也被称为洋艾或中亚苦蒿,是一种多年生草本植物,属于菊科蒿属。苦艾耐寒能力强,适应多种土壤环境,从疏松透气、排水性好的土壤到较为贫瘠的土地均能生长。虽然苦艾酒名声不佳,但在传统医学中,苦艾也有清热燥湿、驱蛔虫和健胃的功效。

苦艾的花语是和平,也有"别再把痛苦加在自己的身上"之意。但在乌克兰语中,"切尔诺贝利"的意思是苦艾,这使得苦艾也成了核灾难的象征。这样看来,苦艾真是一种"性情"多变,具有多种文化内涵的植物啊!

喝酒像挨拳

世界上酒精含量最高的酒，是波兰的精馏伏特加，酒精度高达96%。有人这样评价这种酒：喝一口就像肚子上挨了一拳一样，火热刺痛！这种酒最好不要直接饮用，可以将其作为利口酒的基酒，加入香草和水果调制后再喝。

艾中之王

蕲艾产于中国湖北地区，著名医药学家李时珍的父亲李言闻曾写过《蕲艾传》一书，称赞蕲艾"产于山阳，采以端午，治病灸疾，功非小补"。此书可能是第一本专门论述蕲艾功效的专著，李言闻在书中还将蕲艾的价值和人参作比。在种类繁多的中药材中，作为被单独著书介绍的一味药材，蕲艾的地位可见一斑。

中医里将蕲艾全草入药，有温经、去湿、散寒、止血、消炎、止咳等功能，堪称"艾中之王"。

黄灯笼辣椒：
能让思维停止的"辣椒之王"

辣椒是一种常见的蔬菜，很多喜欢吃辣的人，会把辣椒做成辣酱，吃起来实在过瘾！可世界上还有一些辣椒并不这么"平易近人"，如果你想吃上一口，那么提醒你，你得做好进医院的准备了。因为你会立刻眼泪直流，喉咙里像点着了一枚炸弹，接着你会发现自己吞咽困难，脸部麻木，甚至出现呼吸困难的症状——啊，这哪是食物，简直是毒药！

在20世纪早期，美国化学家史高维尔制定了一种度量辣椒素含量的指标，他以自己的姓"史高维尔"为单位名称，称为史高维尔辣度单位（SHU）。每1SHU辣度代表一单位的辣椒素需要100万倍的糖水稀释，才尝不出辣味。例

如甜椒被认定为完全不辣,因此它的辣度是0SHU。大多数人能忍受的辣度值在5万～10万SHU之间。

随后,世界上的辣椒开始了争夺"最辣辣椒宝座"的比赛,吉尼斯世界纪录不断被刷新。1994年创造吉尼斯世界纪录的最辣辣椒"红色杀手",它的辣度指标超过50万SHU;2006年,英国人无意中培育出的"纳加辣椒",辣度接近100万SHU;2007年,夺冠的是"印度魔鬼椒",它的辣度超过了100万SHU;2013年,"卡罗来纳死神椒"拔得头筹,据检测,它的最高辣度达到220万SHU;2017年,"辣椒X"成为世界上最辣的辣椒,其最高辣度达269万SHU,令人瞠目结舌。

你知道吗?几种先后刷新吉尼斯世界纪录的辣椒其实是亲兄弟,都属于同一个家族——黄灯笼辣椒家族。看来,黄灯笼辣椒家族真是个十分厉害的家族,谁都不敢轻易去它家串门呢!

更多想知道

被辣到了，喝水可没用

辣椒里让人感到辣的成分叫作辣椒素，这种成分会刺激神经末梢，使人产生灼烧感。

辣椒素是不溶于水的，所以如果吃了辣味食物想用水来灭掉嘴里的"火"，根本是徒劳无功。这时候，建议大家赶紧多喝牛奶，因为辣椒素可溶于牛奶，所以喝牛奶可以起到解辣的作用。

警用辣椒喷雾有多辣？

如果按照史高维尔指标来评判的话，警用辣椒喷雾的辣度高达50万～200万SHU。这种"吉尼斯世界纪录级别"的辣椒水喷到脸上，歹徒就别想睁开眼睛了，只有束手就擒的份！

名不副实的"中国辣椒"

黄灯笼辣椒曾经被误认为产自中国,所以它的拉丁语学名(Capsicum chinense)的意思是"中国辣椒"。其实这种辣椒的原产地是中南美洲,后来经过世界各地的人们杂交培植后,又陆续出现了许多新品种。尽管名称各不相同,但黄灯笼辣椒家族的成员都拥有极高的辣度,让许多敢吃辣的人也望而却步,普通人更是连碰都不敢碰。

无人敢吃的"超级辣酱"

2007年,美国新墨西哥州立大学辣椒研究所的研究人员,制作了一种1600万SHU的超级辣酱。可想而知,这种可怕的辣酱是绝对不能用来调味的,否则可是会闹出人命的!

这种辣酱是用来做实验的,它的价格非常昂贵,1毫升就要199美元(约人民币1441元),所以普通人也消费不起。

麦角菌：
让人狂舞不停的"女巫咒语"

1691年的冬天，住在美国马萨诸塞州塞勒姆镇的八个女孩，忽然一个接一个地出现奇怪的行为：四肢痉挛，讲话含糊不清，还不停地抱怨皮肤上有虫子在爬。当地医生束手无策，找不出病因，也不知道她们究竟患了什么病。

最后，人们将这几个女孩的遭遇归咎于巫术，认为是女巫对她们施了可怕的咒语。正因为这种猜测，塞勒姆镇有多位女性被认定是女巫，20多个人被处决。

一直到300多年后，研究人员才找到了这起悲剧事件的真凶——一种名为"麦角菌"的真菌。

麦角菌是一种寄生性真菌，喜欢附着在开花的麦子上。所以，当人们在收获一批麦子时，很可能也把数以百万计的麦角菌装进了粮仓。最后，这些麦子被做成面包，麦角菌也就进入了人们的肠胃——当然也包括那八个女孩的肚子。

麦角菌中的生物碱能使人的血管收缩，造成抽搐、反胃、歇斯底里，产生幻觉、皮肤瘙痒等病症，抵抗力弱的人即使少量摄入也会发病，塞勒姆镇的八个女孩就是因此得病的。有文献记载，在中世纪的欧洲，某些地方偶尔会有整个村子的人都染上神秘的疾病。患病者四肢抽搐,看起来像是在跳一种疯狂的舞蹈,最后瘫倒在地。过程中,他们会感到像被火灼烧一样痛苦。这种病又被称为"圣安东尼之火"。不仅如此,麦角菌还会让人们产生各种奇怪的幻觉,有时候甚至会感觉自己的身体被劈成了两半。

不仅是人,就连牲畜也无法避免麦角菌的危害,如果牛吃了麦角菌,它的蹄子、尾巴甚至耳朵就会病变坏死,最后死亡。

但现在世界上麦角菌中毒的现象已经非常少见了,这是因为麦农们会用盐水浮选麦粒种子,去除掉大部分感染了麦角菌的麦粒,以避免麦角菌进入食物中,对人体造成伤害。

更多想知道

潮湿天气是帮凶

塞勒姆镇那场冤案的元凶是麦角菌，而那年冬天不正常的潮湿天气也是促使这场惨剧发生的帮凶。

因为正是那种极端潮湿的天气条件，为麦角菌提供了迅速繁殖的温床。

富人与穷人的区别

在中世纪，人们并不知道是麦角菌引发了"舞蹈狂"的症状，但人们发现，在该病大规模爆发时，共用同一水源的富人和穷人在发病率上有着明显的差异，病患多半是穷人。后来，人们才发现：这是因为面

粉商会把掺有黑色麦角菌的面粉卖给穷人,而把品质好的面粉卖给富人。这个困扰欧洲大陆的谜团终于解开了:人们发病的原因就是麦角菌中毒。而在医院接受治疗的病人,在改善伙食后,病情也得到了极大缓解。

善良的一面

麦角菌是一种真菌,它会寄生在黑麦、小麦、大麦、燕麦、鹅观草等禾本科植物的子房内,将子房变为菌核,形状就如同麦粒一般,所以也称为麦角。

麦角菌虽然"个性凶猛",但也是一种名贵的中药材。它所含的生物碱分为麦角胺、麦角毒碱、麦角新碱三大类。因为它能引起肌肉痉挛收缩,所以常常被用作收敛剂,医学上常用作治疗产后出血的止血剂。

布袋莲：
肆无忌惮的繁殖狂

"肃静，现在开庭！"在我们人类不熟悉的植物王国，正进行着一场审判。植物大法官表情严肃地宣布开庭，他用锤子重重地敲了一下桌面，问道："布袋莲，对于人类的指控，你有什么要说的吗？"

"冤枉啊，法官大人！"布袋莲一副可怜兮兮的模样。作为原告的人类代表气愤地控诉道："你在人类世界做了那么多的坏事，居然还敢说自己是无辜的！你无节制地大量、快速繁殖，已经在人类世界中造成了许多危害：第一，阻塞水道，使水流不畅，雨季时容易造成水患，且水流缓慢还会促使蚊虫大量繁殖，传播疾病；第二，阻碍发电，让水力发电设备不能正常运作；第三，妨碍捕鱼，由于你占据了整个水面，人们无法捕鱼；第四，抢夺养分，你把水里的养分消耗殆尽，导致其他水生生物无法生存……"

条条罪状，证据确凿，布袋莲耷拉下了脑袋说："我认罪，这些确实都是我犯下的罪过！不过这其中也有你们人类的责任，如果你们不把我迁出我的老家南美洲，我也不会四处作乱了。"

人类代表叹了口气说："的确，其中确实也有人类不讲科学，随意引进外来植物的责任。这起案件的发生也给人类敲响了警钟，在植物种植方面切不可盲目行事，否则会给生态环境造成巨大破坏。"

在布袋莲的老家南美洲亚马孙河流域，有一种专门吃布袋莲的甲虫，让它在当地无法称霸，而在引进亚洲、澳大利亚和非洲等地后，因为没有了天敌，布袋莲便把霸道的本性发挥得淋漓尽致。布袋莲也因此被视为全球最糟糕的水生杂草之一！

但这件事也让人们认识到，人类生存更应该顺应自然规律，切不可因为自己的盲目而间接促成植物"犯罪"，造成无法挽回的损失。

无可奈何

每朵布袋莲最上方的那片花瓣会呈现独特的蓝紫色,中心还镶嵌着黄色菱形图案,很像一只眼睛,因此,布袋莲又被称为"凤眼莲"。可这位"美人"却极具侵略性,它的族群规模每两个星期就可以翻一倍。

曾经有人想引进亚马孙河流域的甲虫来制服布袋莲,但又担心这类甲虫会泛滥成灾,最终只好作罢。

林清玄眼中的布袋莲

读一读作家林清玄的《布袋莲》(节选),你或许会对这种植物有别样的感受——

我每日在好风景的窗口写作,疲倦了只要抬头望一望窗外,总觉得胸中顿时一片清朗。我最喜欢的是长满小湖一角的青翠的布袋莲。据说布袋莲是一种生殖力强的低贱的水生植物,有水的地方随便一丢,它就长出来了,而且长得繁茂强健。布袋莲的造型真是美,它的根部是一个圆形的球茎,绿的颜色中有许多层次。它的叶子也奇特,圆弧似的卷起,好像小孩仰头望着天空吹小喇叭。

有时候,我会捞几朵布袋莲放在我的书桌上。它没有土地,失去了水,往往还能绿很长一段时间,而且它的枯萎也不像一般植物。它是由绿转黄,然后慢慢干枯,格外惹人怜爱。

危险动物的保护伞

生长茂盛的布袋莲,为蛇和鳄鱼等动物提供了隐蔽的藏身所,为它们偷袭毫无防备的船夫和游客提供了方便。布袋莲也为血吸虫的宿主——钉螺提供了适宜的生存环境。所以说在布袋莲泛滥的地方,大家一定要多加小心!

风信子：
有毒的"洋葱头"

在希腊神话中，英俊潇洒的美少年海辛瑟斯和太阳神阿波罗是好朋友。西风之神仄费罗斯也很喜欢海辛瑟斯，但海辛瑟斯更喜欢和阿波罗待在一起。

有一天，阿波罗和海辛瑟斯兴高采烈地在草原上掷铁饼，恰巧被仄费罗斯看见了。被嫉妒心蒙蔽的西风之神很不高兴，就想捉弄他们一番。当阿波罗将铁饼掷向海辛瑟斯的时候，仄费罗斯偷偷地在旁边用力一吹，结果那沉甸甸的铁饼一下打在了海辛瑟斯的额头上。这名英俊的少年血流如注，并因此一命呜呼。

阿波罗抱起好友，伤心不已。海辛瑟斯的鲜血流进草丛里，不久之后，草丛里竟然开出了一串串紫色的花。

为了表示纪念，阿波罗就用海辛瑟斯的名字为这种花命名，在中国，我们将这一花名译为"风信子"。由于这个神话故事,紫色的风信子一直被认为是嫉妒的代名词。

风信子的花形状独特,像一个个小钟挂在花枝上,而颜色更是丰富多彩,不仅有紫色,还有蓝色、白色、黄色、红色等。在阳光下,它们闪烁着绚丽的光芒,宛如繁星点点。而那浓郁的花香,淡雅又持久,仿佛在诉说着一段浪漫的故事。

美丽的风信子是靠风来传播种子的,它的花粉可以随风飘荡,当飘到合适的地方,就会落地生根。作为一种观赏植物,风信子常被人们种在家中美化环境,不过需要小心的是,风信子的花粉对很多人来说是一种过敏原。

另外,风信子的球茎长得很像洋葱头,但它可不像洋葱那样好吃,而是有毒的。如果误食,会引起头晕、胃痉挛、腹泻等症状,严重时可导致瘫痪甚至死亡。由于风信子球茎中含有草酸,因此在处理球茎时要戴防护手套。种有风信子的家庭,一定要防止儿童接触风信子的球茎,也不要让宠物去啃食。

更多想知道

玻璃花瓶

在19世纪维多利亚时代,英国人盛行将特制的玻璃容器装满水来栽培风信子。而当时栽培风信子的玻璃容器,到如今已成了古董收藏家的收藏对象。

不过现在人们在种植风信子时,也会更多地选择透明的玻璃花瓶,因为这样能更好地观察植物生根和发芽的过程。特别是家中有孩子的家庭,那可是很好的科学观察的素材呢!

表达永久怀念的感情

因为阿波罗对好朋友海辛瑟斯的怀念,风信子的花语还有"永久怀念"的意思。

而就风信子的生长过程来说,在一次花期过后,需要剪掉之前奄奄一息的花朵才能让它再开出新的花朵。所以风信子也代表重生的爱,喻示忘记过去的悲

伤，开启崭新的爱。

因此，在欧美国家，有很多人把风信子的图样雕刻在亲人的墓碑上，以表达对亲人的长久思念。

多彩风信子

风信子最原始的品种是浅紫色的，后来经过长期的品种改良，植物学家培育出了不同的花色，大致可分为蓝色、粉红色、白色、鹅黄色、紫色、黄色、绯红色、红色8个品系，丰富的色彩也赋予了风信子更多的内涵，人们在不同的场合会选择不同颜色的风信子来表达情感。

如蓝色风信子的花语是"生命"。在英国，蓝色风信子一直在婚礼中担任新娘捧花或装饰花的角色，寓意纯洁、希望和幸福。

金皮树：
潜藏在雨林中的"人间炼狱"

1941年，第二次世界大战期间，在澳大利亚茂密的雨林中，汤姆和战友们正在进行实战演习。已经在雨林中穿行了几天的他们疲惫不堪，湿漉漉的衣服裹在身上也让人很不舒服，不过他们很快就能摆脱这种折磨，因为演习快结束了！

想到这里，汤姆不由得松懈下来。他觉得有些体力不支，想找个地方休息一下。但他不小心踩到了湿滑的青苔，身体失去平衡，一下子摔倒在树丛中。接着，可怕的事情发生了。汤姆发出痛苦的哀号，他拼命地拍打身体，甚至在地上打滚以求减轻自己的痛楚。

可是，这样做不仅一点用也没有，反而让他更加痛苦。汤姆的同伴赶紧过来，想把他拉出树丛，可汤姆挣扎得太激烈

了，把几个同伴也带倒在地。这下，那几个人也立刻跟着哀号起来，场面十分混乱。最后，其他士兵在军官的指挥下，费了很大的劲儿，才把他们救了出来。

好几年后，每当汤姆回想起在医院治疗的那些时光，仍然会不寒而栗。前三个星期，医生必须把他绑在床上才能让他不激烈挣扎，后来，这种可怕的疼痛虽然有所减轻，但断断续续持续了几个月之久。幸运的是，汤姆坚强地活了下来。

到底是什么植物让汤姆痛苦万分？植物学家发现，罪魁祸首原来是被称为"最可怕的树"的金皮树。

金皮树高1～2米，树身上布满了细毛，这些细毛虽然细小，却带有神经毒素。而且这种毒素的毒性很强，人们就算只是和金皮树轻轻擦身而过，也会感到痛苦，更要命的是这种痛苦可能会持续几周，甚至数月。

一些受害者会因为剧痛引发极度的恐惧，从而衍生出心脏病等其他疾病。

堪比武侠小说里的"暴雨梨花针"

金皮树上的细毛非常微小，能轻易地穿透人的皮肤，几乎无法拔除。而且细毛所带的毒素出乎意料地强烈、持久，甚至在干燥的标本中，毒素也依然存在。昆虫学家玛丽娜·赫利在昆士兰阿瑟顿高原做研究时，曾被金皮树刺伤过。她说："这种感觉简直生不如死，像被泼了硫酸，同时又被电击。"

所以进入长有金皮树的树林，绝对是一件危险的事，因为金皮树脱落的细毛随时可能被经过者吸入，或飘入人的眼睛。真是让人防不胜防啊！

杀伤力在荨麻家族中排名第一

金皮树是荨麻科植物，若要在荨麻科家族中比一比谁的杀伤力最大，金皮树当属第一。虽然荨麻科的植物大都以细刺作为武器，但论穿透力和毒性，谁都比不上金皮树。

酷酷的树名

除了"金皮树"这个名字以外,这位可怕的植物界杀手还有其他别名,听起来都挺吓人的。比如"刺人树",这个名字直观地表明了金皮树的主要特征。它还有一个别名叫"剧痛树",这就是明明白白地告诉你:别惹我,否则要你痛不欲生!

毒素新研究

2020年,在《科学前沿》(《Science Advances》)上发表的一项研究称,澳大利亚昆士兰大学的研究者们发现了一种被称为"金皮肽"的新毒素,这种毒素比之前在金皮树上发现的毒素更能令人感到剧痛,且持续时间很长。

但有趣的是,尽管金皮树毒性很强,仍有一些动物能够安全地食用金皮树的叶子和果实,例如绿环尾袋貂和沼林袋鼠。这一现象也引起了科学家的好奇,对这些动物的研究,可能会对未来开发出针对"金皮肽"的治疗方法有帮助。

有毒菌子：
致命的"小雨伞"

2001年，美国马里兰大学医学院的科研人员重新检视了一起2000多年前的悬案——罗马帝国皇帝克劳狄的神秘死亡。由于当时的医疗水平有限，无法判断皇帝的真实死因，但人们普遍认为，他是被妻子投毒杀害的。

现在，人们运用相关知识及新的科学手段来研究克劳狄之死的相关史料，可以认定他是死于毒蕈碱中毒，而这种毒可以从菌子中获取。由此看来，谁可以在最后一顿晚餐上做手脚，谁就有可能是用毒蘑菇杀死他的凶手。

菌子又叫蘑菇，但人们通常把人工种植的菌子叫作蘑菇，野生的就叫菌子。今天，蘑菇是我们餐桌上常见的美食，如猴头菇、平菇、香菇等，它们不但营养丰富，而且味道鲜美。不过，这些食用菌在蕈类家族中只占很小的一部分。作为在地球上生存了近4亿年的大家族，已被人类认识的菌子

大约有8000多种,而人类尚不认识的品种更多,恐怕没有人能说清楚世界上到底有多少种菌子。

在中国,如果说到吃菌子,最出名的当属云南。云南有着复杂的地貌、气候和土壤条件,因此孕育出了种类多样的菌子。然而这些诱人的菌子当中常混有"剧毒"菌子,若盲目食用,稍不留神就会食物中毒,引发无力、恶心、幻觉、精神错乱等症状,严重的可能致人死亡!云南省疾控中心的数据显示:云南每年都会发生超过300起因误食有毒菌子而中毒的事件。

每年6月~9月是菌子生长的高峰期,特别是一场雨后,许多菌子更是迫不及待地冒出头来。此时如果你去野外踏青,便很有可能与它们打个照面儿。雨伞似的可爱外形,丰富的色彩,看着就叫人满心欢喜,不过在无法确定它们是否能食用的情况下,你最好还是让这些"小雨伞"留在原地,以免给自己和家人的身体造成伤害。

来自官方的提醒

其实菌子并非植物，它们属于菌类。现在人们的餐桌上可少不了它们的身影，但由于中毒事件时有发生，因此每年菌子大量上市的季节，总有来自官方的善意提醒——

如2022年4月24日，中国科学院昆明植物研究所与云南省真菌多样性与绿色发展重点实验室联合发布了《云南常见毒菌（毒蘑菇）2022版》，对"云南常见毒菌挂图"进行了更新，便于人们查看。这其中包括致命鹅膏菌、灰花纹鹅膏菌、兰茂牛肝菌等24种云南常见毒菌。

法老也爱吃

在埃及尼罗河边的沙漠中，有一座建于约公元前1450年的神庙。神庙的墙上绘制了大幅壁画，所绘的图案包括各种各样的动物和植物，其中还有一个巨大的蘑菇。由此可以推断，人类食用蕈类的历史至少可以追溯到3000多年前。

只有帝王才能吃的蘑菇

在德国和奥地利，生长着一种菌子——橙盖鹅膏菌，人们常叫它恺撒蘑菇。这是因为当年罗马帝国的恺撒大帝特别喜爱这种菌子。据说，当时规定，恺撒蘑菇只能供宫廷食用，平民如果采到了恺撒蘑菇，要立即通报上贡，谁要敢藏起来偷吃，一旦被发现，就会被判死罪。

最毒的蘑菇

全球由误食毒菌菇导致的死亡案例，有九成与一类名为"毒鹅膏菌"的菌子有关。毒鹅膏菌分布很广，只要半个就能杀死一个成年人。这类菌菇所含的毒素会对人的肾脏和肝脏造成永久性伤害，甚至需要进行肝脏移植手术才能保住性命。

槟榔：
低调的"慢性杀手"

东南亚的许多国家都喜欢种植槟榔树。高达20米的细长树干顶部长着光滑的叶片，会开出美丽的穗状花朵，阵阵花香随着微风四散开来，让人陶醉。花朵掉落后，就会长出比鸡蛋小一点的槟榔果。人们会在这种果实成熟之前将其收割，再进行加工，最后制成大名鼎鼎的槟榔。

据说，嚼槟榔的历史可以追溯到数千年前，科学家在菲律宾发现了一具约公元前2680年的骨架，这具骨架还保留着一副被槟榔汁染黑了的牙齿。

奇怪，为什么槟榔在数千年前就深受人们欢迎了呢？答案是，槟榔是一种会使人上瘾的兴奋剂。现如今，嚼食槟榔的人数还在不断增长，据估计，全世界有10%～20%的人在以各种形式咀嚼槟榔。

世界上槟榔消耗量最大的国家是印度。在印度，人们把槟榔切成薄片，蘸取适量的蛎灰及一些印度香料，然后用干净的蒌叶把槟榔包裹起来，再放到嘴里慢慢咀嚼。据说这样才能让槟榔越嚼越有味，有生津止渴、让人精神亢奋的功效。

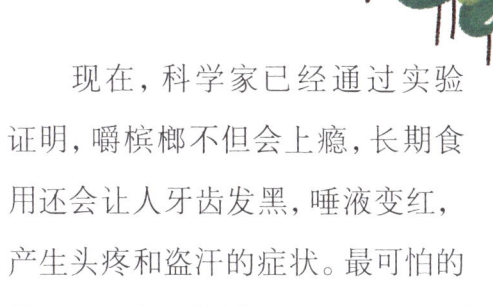

现在，科学家已经通过实验证明，嚼槟榔不但会上瘾，长期食用还会让人牙齿发黑，唾液变红，产生头疼和盗汗的症状。最可怕的是，2003年，世界卫生组织国际癌症研究中心认定槟榔为一级致癌物，医学研究发现经常咀嚼槟榔会令患口腔癌的风险上升。

在土耳其、新加坡、阿联酋、加拿大和澳大利亚等国，槟榔甚至被认定为毒品而禁止销售。而中国对槟榔销售的管控也越来越严格，因为越来越多的研究表明，槟榔对人体的危害很可能超过烟草。

令人讨厌的红色唾液

嚼槟榔时，人们口中会持续不断地分泌唾液，这些唾液会被槟榔的汁液染成红色。而对这种红色的唾液只有一种处理办法，那就是吐出来，因为吞咽会导致反胃。所以在槟榔盛行的国家，人行道上处处可见红色的唾液。

古人爱槟榔

相传西汉时，汉武帝带兵攻打南越国，但因为当地的瘴气使战事陷于被动。后来汉军依靠槟榔才解了瘴气之毒，挽回了败局。汉武帝平定南越回朝后，从南越移植了各种奇花异草，种植在上林苑的扶荔宫中，其中便有槟榔。

清朝乾隆帝也喜欢槟榔，两个用来装槟榔的波斯手工和田玉罐是他十分喜爱的物件，如今这两个玉罐保存在北京的故宫博物院中。

而嘉庆皇帝也曾在折子上御批"朕常服食槟榔，汝可随时具进",还要求粤海关"要紧贡物,遵循旧例,不必增添,一切勉之。惟槟榔一项,朕时常服用,每次随贡呈进,毋误"。两份折子如今保存在中国第一历史档案馆里。

感觉真那么好吗?

英国诗人兼评论家富勒是这样描述嚼槟榔的感受的:有种非比寻常的满足感,嚼完之后,你的口腔会无比芬芳香甜,你会感到无比清爽、放松……

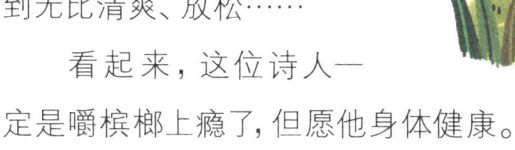

看起来,这位诗人一定是嚼槟榔上瘾了,但愿他身体健康。

"槟榔"一词的由来

自古以来,槟榔是中国东南沿海地区人们迎宾敬客、款待亲朋的佳果。古代人敬称贵客为"宾"、为"郎","槟榔"的名字便由此得来。槟榔还有"仁频""宾门"等名字。但现在,随着人们对嚼食槟榔的危害的认识不断提高,用槟榔来待客的传统正在消失。

# 杉叶蕨藻：
入侵性极强的"杀手藻"

1980年，在德国斯图加特动物园的热带水族馆里，管理员有一天突然发现，鱼池中有一株热带海藻表现得非常诡异——热带藻类通常都无法忍受地中海水域的水温，但这株海藻竟然在温度较低的海水中长得十分茂盛。

这到底是怎么回事？原来，这株海藻就是原产于澳大利亚的杉叶蕨藻。在水族馆良好的生存条件下，较之野生的品种，它发生了变异，变得更加强壮，甚至可以长到3米。

后来，斯图加特动物园又将其送去摩纳哥海洋博物馆展出，清洁工无意间把含有杉叶蕨藻残叶的废弃

物倾倒进海水中,于是,杉叶蕨藻在摩纳哥附近的海域安家落户了。

1984年,法国的一位海洋生物学教授发现,摩纳哥海洋博物馆附近的海域中长了一片杉叶蕨藻。看到热带海藻在地中海的海水中生机勃勃,他担心这种海藻会成为入侵物种,便向摩洛哥和法国当局发出了警报,但当时并未得到两国政府的重视。

就这样,人们失去了根除杉叶蕨藻的最佳时机。原本仅1平方米的杉叶蕨藻开始迅速蔓延,并呈现无法遏制的趋势。

杉叶蕨藻对其他水生生物来说是致命的,它那茂盛的羽状叶可以在海床上形成几米深的"草坪",独占空气,使其他海洋植物窒息。它还会覆盖住珊瑚和海绵,霸占它所在区域的大部分生存空间。因此,杉叶蕨藻也被称为"杀手藻"。

最大的单细胞生物

我们都知道,生物都是由一个个细胞组成的,以我们人类为例,成年女性体内平均有28万亿个细胞,其中最大的是卵细胞,但直径也只有0.1毫米左右。

而杉叶蕨藻全株包括羽状叶、结实的茎和固定在海床上的强韧假根,加起来超过0.6米,而且还会不断生长,是世界上最大的单细胞生物。真的很难让人相信,一个单细胞生物可以长到这么大,大自然真是无时无刻不在向人类展示它的神奇之处。

单细胞生物发现第一人

首个人类已知的单细胞生物大约出现在地球形成10亿年之后。然而单细胞生物因为体形极其微小,直到17世纪中后期才被荷兰商人兼科学家列文虎克发现。

列文虎克被称为"光学显微镜之父",他正是借助自己手工制作的显微镜，首先观察到并描述了单细胞生物的存在，他当时将这些生物称为"animalcules"。

噩梦般的清理行动

杉叶蕨藻作为观赏植物被引入地中海地区，而后迅速在全球蔓延。杉叶蕨藻会排挤海洋生物，极大地影响了当地渔民的生计，政府因此不断遭到渔业组织的抗议。

现在，杉叶蕨藻已经被列为"全球最严重的100种入侵植物"之一。而政府对这种植物也有点束手无策，切断它，只会帮助它生长，因此清除行动几乎都以失败告终。

但在美国圣地亚哥出现过一个罕见的成功案例——科学家用防水布将一定范围内的杉叶蕨藻牢牢围住，然后打入氯气，结果这片水域的杉叶蕨藻都死了，清除效果令人振奋。

但是当地政府迟迟不敢宣告清除行动的胜利，因为只要有指甲盖大的一片杉叶蕨藻漂浮在海里，它就能生根发芽，并很快发展壮大。

葛藤：
披着羊皮的"狼"

1876年在美国费城举办的世界博览会，是一场神奇的盛宴，会上展示了千奇百怪的发现、发明。在这次盛宴中，约有1000万美国人见识了电话、打字机等当时的"高科技产品"。除此之外，还有一种日本人带来的神奇植物——葛藤，受到了人们的关注。葛藤能在短短几天内爬满格子架，并开出美丽的、有葡萄果香味的花。

到了1937年，《华盛顿邮报》刊发了一篇名为"葛藤大救援"的文章，称这种外来植物能防治水土流失，而且作为一种草料作物，还能用来饲养牲畜，节省粮食。这么好的植物，立刻就受到美国园艺家和农民的热烈欢迎，政府也大力提倡民众种植葛藤。

然而，所有人都没有料到的是，这种貌似和善的植物竟"居心叵测"地开始了它在美国的"掠食"行为：地上，它舒展着每片叶子，以得到大量的阳光；地下，它那发达的地下茎

会掠夺土壤中更多的养分。这种植物依靠它极快的生长速度和顽强的生命力，终于在人烟稠密的大城市占据了一席之地。

葛藤的生长速度到底有多快，美国人曾这样调侃："栽种葛藤的人，封上土后必须跑步离开，否则，葛藤的卷须会缠绕上园艺师的腿，迅速把园艺师变成它的藤架。"

葛藤遮挡住阳光，不动声色地杀死了其他树木，还破坏建筑、扯下电线……在美国造成的损失高达上亿美元。到20世纪70年代，葛藤已占领密西西比、佐治亚、亚拉巴马等州的土地，演变成一场"美丽的灾难"。而最终发现葛藤真面目的人们，却已经对它无可奈何，只能懊悔当年"引狼入室"。

以柔克刚的超级植物

在美国弗吉尼亚州的皮克特堡军事基地，有1平方千米的训练场被葛藤占据，但军队对这种植物束手无策。军方甚至动用了坦克来对付它，不过即使用几十吨重的坦克压它，也无法摧毁葛藤旺盛的生命力。

誓死捍卫领土的人类

在葛藤这种不怕冷、不怕热、不怕旱、不怕涝的顽强生命面前，人类没有丧失斗志，他们通过喷洒农药、焚烧、砍除新生植株等办法来遏制葛藤的蔓延。虽然效果显著，但遏制葛藤生长是

个长期而艰难的过程,因为只要一不小心,它就会以星火燎原之势蔓延开来。

《杂草的故事》

英国博物作家理查德·梅比在其《杂草的故事》一书里,曾详细而生动地描述了葛藤来到美国后发生的事。书中说:"在葛藤生长的高峰季节,它们在12小时内就能长30厘米。一个在美国南方各州流行的玩笑说,晚上睡觉一定要关窗户,不然一夜之间葛藤就会爬进来。废弃的建筑物在一层厚实的葛藤覆盖下可以很快消失不见,甚至整座本土森林也能被它们吞没。"

或许可以吃掉它

每年的2月至5月,人们可以采集葛藤的嫩茎、嫩叶,用来制作炸葛藤、葛花冻和葛藤茎沙拉酱等食物。用葛藤制作食物能够减少葛藤的数量,而且这些食物健康、可口。那么,我们要不要尝试用嘴巴来消灭葛藤呢?

大王花：
臭不可闻的花中巨人

人们常用"芬芳""清香"来形容自然界的花草树木。其实在植物世界里，还有为数不少的臭花和臭草。直接用"臭"字命名的，就有臭椿、臭梧桐、臭娘子等。

有的植物的名字中虽然没有"臭"字，但同样让人退避三舍。比如在中美洲的森林里，生长着一种叫"天鹅花"的植物，别看其花朵的外形犹如天鹅般优雅美丽，它浑身却散发着浓浓的臭烟草的味道，让人不禁掩鼻而逃。生长在苏门答腊岛热带雨林里的巨花魔芋，会散发出一股腐烂的鱼的气味，让人作呕。

在所有"臭味相投"的植物中，还有一类生长在马来半岛、苏门答腊岛等地的大王花。

大王花是目前人类已知的最大的单朵花，有"世界花王"之称。它大得出奇，生长方式也很奇特：大王花只有孤零零一朵大花，没有叶子，也没有根茎，是一种肉质的寄生植物，靠吸取宿主的营养存活，并把吸取来的所有营养都供应给花朵。

也就是说，大王花所有的生命精华全都集中在那朵直径50～90厘米的大花朵上了。可是,大王花长着这么大一朵肉鼓鼓的显眼花朵,却没有枝叶伪装,又没有尖刺退敌,那它靠什么来保护自己不受侵害呢?靠的大概就是它奇臭无比的气味。

　　大王花散发的臭味类似于肉类腐烂的气味,因此,人们曾一度认为大王花是靠吃动物尸体存活的。而且,大王花的臭味能传播到很远的地方,影响力惊人。

扑朔迷离的身世

植物学家一般会把具有相似特征的植物划入同一科,但大王花的花大得出奇,再加上它属于寄生植物,没有叶、茎等植物的典型结构,因此很久以来科学家一直不知道该把它划入哪一科。目前的新研究认为,大王花所在的大花草科是在约4600万年前从大戟科中分化出来的。但大戟科的其他植物的花只有大王花的数百分之一大,同源植物的花在大小上竟有如此大的差别,也真是令人费解。

有待进一步研究

每年5月～10月,是大王花最主要的生长季。盛开的大王花十分艳丽,整个花冠呈鲜红色,上面点缀有白色的斑点。大王花花苞绽放初期具有香味,之后就会散发具有刺激性的腐臭气味。这种恶臭很招苍蝇等嗜腐肉昆虫的喜爱,它们成群结队地飞来为大王花授粉。成功受粉的雌花之后会逐渐生成一个直径约15厘米的球状果实。果实外面有一层木质的棕色果皮,里面充满了白色的、富含脂质的果肉。

别看大王花的果实挺大,它的种子却非常小,一个果实中含有许多红棕色带有黏性的种子。有关大王花的生物学研究还很浅薄,其种子具体是怎样传播的还有争议,是靠其黏性粘在动物身上传播出去的,还是随风传播的,都还没有定论。而且到目前为止,人们仍然无法对大王花进行人工培育。

濒临灭绝

由于人类砍伐森林等活动,再加上人工培育大王花十分困难,大王花的数量正在逐年递减。为了不让这种植物灭绝,1984年国际自然与自然资源保护联盟就已经把大王花列为"世界范围内遭受最严重威胁的濒危植物",请公众重视和着手保护这种世界上最大的花。

镰荚金合欢：
为了生存无所不用其极

同一家族的植物当它们分布在不同的地区时，为了更好地适应生存地的气候及环境，会在保持其共性的基础上进化出独特的个性。如生活在非洲的镰荚金合欢就是金合欢属家族中很有"个性"的一种。

为了适应非洲的旱季，镰荚金合欢将自己的树叶变得很小，减少水分蒸发，以便让自己能够顺利度过旱季。然而在旱季，镰荚金合欢就成了很多植食动物眼中的香饽饽。于是，它又在枝干上长出了长长的尖刺，阻止动物攀爬，可这仍然阻挡不了扭角林羚、长颈鹿、大象等动物的"进攻"。

后来，镰荚金合欢索性开始"投毒"，当它感受到危险时，会大量分泌一种名为单宁酸的物质，在短时间内提高叶片中单宁酸的浓度。虽然单宁酸本身没有毒，但这种物质能够与某些动物，如扭角林羚肠道中的蛋白质结合，使叶片难

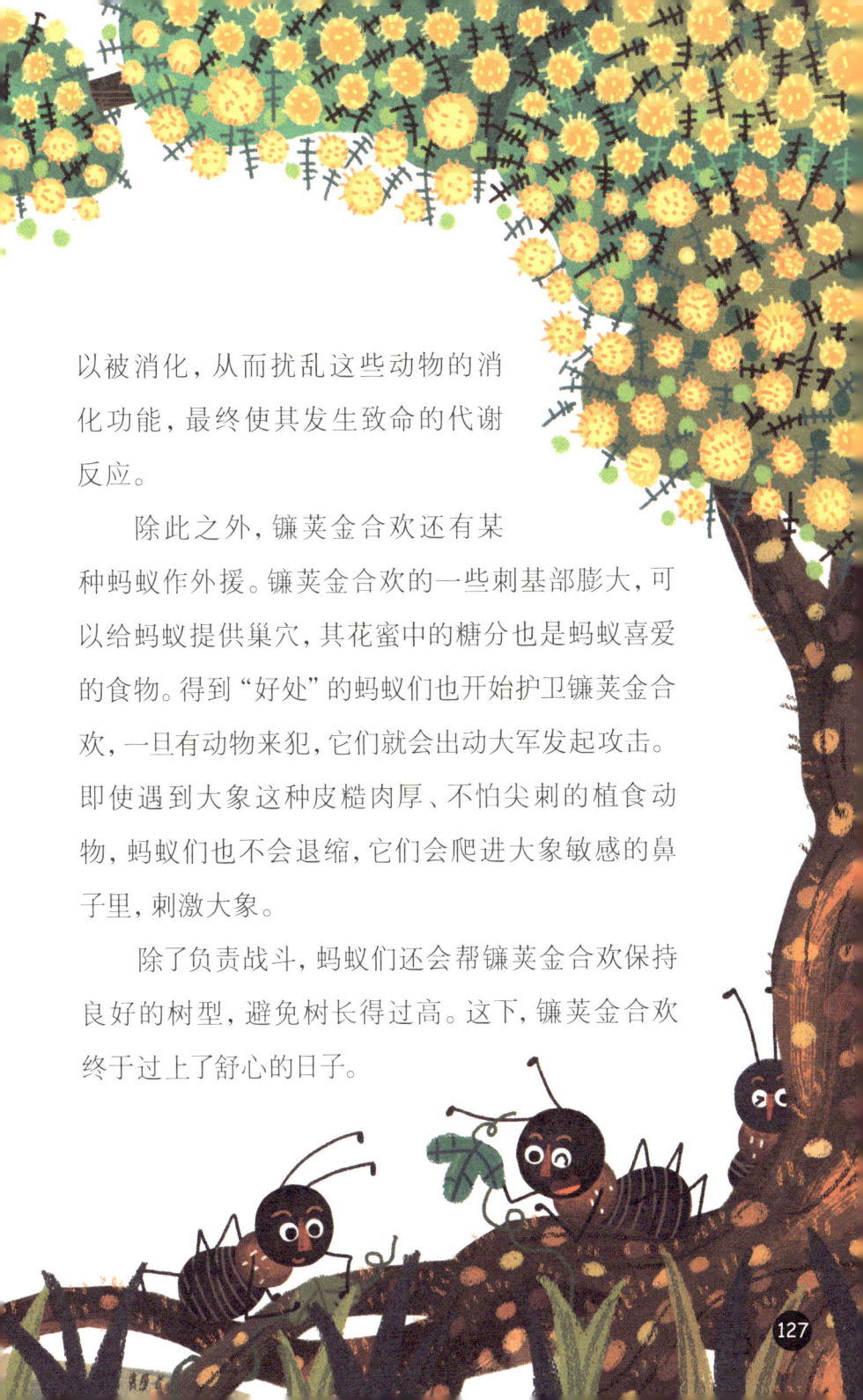

以被消化,从而扰乱这些动物的消化功能,最终使其发生致命的代谢反应。

  除此之外,镰荚金合欢还有某种蚂蚁作外援。镰荚金合欢的一些刺基部膨大,可以给蚂蚁提供巢穴,其花蜜中的糖分也是蚂蚁喜爱的食物。得到"好处"的蚂蚁们也开始护卫镰荚金合欢,一旦有动物来犯,它们就会出动大军发起攻击。即使遇到大象这种皮糙肉厚、不怕尖刺的植食动物,蚂蚁们也不会退缩,它们会爬进大象敏感的鼻子里,刺激大象。

  除了负责战斗,蚂蚁们还会帮镰荚金合欢保持良好的树型,避免树长得过高。这下,镰荚金合欢终于过上了舒心的日子。

连锁反应

2024年1月25日,美国科学家发表在《科学》上的一项研究称,一种大头蚁的入侵降低了狮子捕杀斑马的成功率。原因是这种入侵的大头蚁会杀死与镰荚金合欢共生的本地蚂蚁,镰荚金合欢缺少蚂蚁的保护后会更容易遭到大象等动物的攻击,进而导致狮子伏击斑马时隐藏的树荫变少了。可见,有时小蚂蚁也会影响大世界,自然界的连锁反应真是令人惊叹。

金合欢家族

金合欢属是豆科中的一个特大属,物种资源丰富,超过800种,广泛分布于全球的热带和亚热带地区,尤以澳大利亚、非洲和南美洲为多。

除了前文讲到的镰荚金合欢，叠伞金合欢、羽叶金合欢、藤金合欢等，都是该属植物。

澳大利亚的国花

在澳大利亚，生活着800多种金合欢属植物。银叶金合欢堪称澳大利亚的迎春花，它那缀满枝头的小太阳般明亮的花球，仿佛春天温暖的光，驱散了一整个冬天的寒意。银叶金合欢也是澳大利亚的国花，深受澳大利亚人民的喜爱。

在澳大利亚，只要你稍加留意就会发现，很多居民家的庭院不是用墙围起来的，而是把带刺的银叶金合欢作为篱笆。每到花开时节，银叶金合欢篱笆就变成了一道金色屏障，不仅美观，而且散发出浓郁的花香，令人沉醉。

"等我木"

金合欢属中的许多植物都有刺，有时会钩住路过的人的衣物，它们好像在说："别走，等等我！"所以，有人还给这些植物起了一个好听的名字——"等我木"。

荨麻：
虽然蜇人但很有用

在植物界，有一些植物会悄悄地给你一些教训，让你知道"得罪"它们的下场。如果你在山坡上的草丛中玩耍，突然感到一阵刺痛，皮肤就像被蝎子蜇了一样，并且很快出现许多小红斑，那你很可能已经惹到"蜇人草"了。

这种"蜇人草"就是赫赫有名的荨麻。荨麻为什么会蜇人呢？这是因为荨麻的茎、叶上长有刺毛。这些刺毛中含有对人和动物有刺激性的有毒物质。当人或动物不小心碰上刺毛时，这些有毒物质就会使他们的皮肤产生瘙痒、红肿等症状。

其实，很多人在很小的时候就知道这种植物，因为它曾经出现

在安徒生的童话《野天鹅》中：因为受到恶毒的诅咒，公主艾丽莎的11个哥哥变成了11只野天鹅。仙女告诉艾丽莎，只有深夜去坟地里采摘荨麻，编织成衣服后让哥哥们穿上，且在此期间不能讲一句话，才能破除诅咒，让哥哥们变回人形。艾丽莎为此承受了巨大的痛苦，不仅要忍受被荨麻刺伤的痛，还要忍受爱人的怀疑与民众的批判，但她最终还是凭借强大的爱和勇气，拯救了哥哥们，也让自己获得了幸福。

童话终究美丽，但被荨麻蜇的痛是实实在在的。如果你不小心中招，建议立即用清水或肥皂水冲洗被蜇部位，如果症状依然没有减轻，那最好立刻去医院。

其实对荨麻来说，它的行为完全属于正当防卫，它长这些刺毛只是为了让植食动物对它望而生畏罢了。现在，荨麻会蜇人的特性还被人类加以利用，人们将其种植在果园和鱼塘周围，不仅能防小偷，还能防动物偷食。这样的特性也让荨麻成了一种"防盗草"。

用处多多

别看荨麻会"蜇人",但它其实是一种很有用的植物。

荨麻的种子富含蛋白质和脂肪,可以榨取具有强身健体功能的油。在欧洲,荨麻被认为是天然的食物调味品,可以用来做汤和草药茶。

同时,荨麻纤维也是一种极具开发、应用价值的生态纺织纤维。其中空的纤维具有良好的透气性和拉伸力,再加上其具有可降解性,是适应未来需求的绿色生态纤维。

"中国草"苎麻

中国栽培苎麻的历史十分悠久,在距今4700多年的新石器时代遗址中,就发现有用苎麻织成的平纹布。而《诗经·陈风·东门之池》中"东门之池,可以沤麻"和"东门之池,可以沤纻"的诗句,则是古籍中关于苎麻的最早的文字记载。

苎麻是中国古代重要的纤维作物之一，它的单纤维长6～25厘米，是植物纤维中最长的，素有"天然纤维之王"的美称。

夏布——中国最古老的布料，就是以苎麻为原料编织而成的麻布。其中重庆的荣昌夏布，更是以"轻如蝉翼，薄如宣纸，平如水镜，细如罗绢"的特性，被历代列为贡布，成为皇室和达官贵族喜爱的珍品。

苎麻不仅可以用来织布，而且其嫩茎中含有20%～26%的粗蛋白质和较多的维生素，可作饲料。根据中国农业科学院麻类研究所的实验结果，苎麻嫩茎的营养成分高于苜蓿，用新鲜或晒干的苎麻喂鸡、猪等，都有很好的增重作用。

另外，苎麻的根、叶均可入药。《本草纲目》中记载：苎麻的根和叶有止血、散血、消炎及治疗感冒发烧、跌打损伤等功效。

中国苎麻的栽培面积和产量均占全世界的90%以上，苎麻是名副其实的"中国草"。

图书在版编目（CIP）数据

谁说植物不疯狂 / 张康编绘 . — — 杭州 ：浙江人民美术出版社，2024.9
（奇妙知识面对面）
ISBN 978-7-5751-0080-9

Ⅰ．①谁… Ⅱ．①张… Ⅲ．①科学知识-青少年读物 Ⅳ．① Z228.2

中国国家版本馆 CIP 数据核字（2024）第 006490 号

策划编辑　褚潮歌　　　　　责任校对　胡晔雯
责任编辑　杜　瑜　　　　　整体设计　米家文化
责任印制　陈柏荣

奇妙知识面对面
谁说植物不疯狂

张康　编绘

浙江人民美术出版社出版·发行
杭州市环城北路177号
电话：0571-85174821　　经销：全国各地新华书店
制版：杭州米家文化创意有限公司　　印刷：浙江新华数码印务有限公司
开本：889mm×1194mm　1/32　　印张：4.375　　字数：90千字
版次：2024年9月第1版　　印次：2024年9月第1次印刷

ISBN 978-7-5751-0080-9　　　　定价：35.00元

（如有印装质量问题，影响阅读，请与出版社营销部联系调换。）